* 9 7 8 9 9 4 8 8 2 6 2 3 1 *

السطح والمساحة

تشكيل الخشبات المعاصرة

يوسف الريحاني

السطح والمساحة
تشكيل الخشبات المعاصرة

إصدارات دائرة الثقافة، حكومة الشارقة 2022 م

الناشر: دائرة الثقافة ـ حكومة الشارقة ـ الإمارات العربية المتحدة

الهاتف: 5123333 6 971+

البرّاق: 5123303 6 971+

الموقع الإليكتروني: www.sdc.gov.ae

البريد الإليكتروني: sdc@sdc.gov.ae

792.025

ر ي. س

الريحاني، يوسف

السطح والمساحة: تشكيل الخشبات المعاصرة / يوسف الريحاني.ـ الشارقة، الإمارات العربية المتحدة : دائرة الثقافة،2022 .

184 ص؛ 21X14 سم.

يشتمل على إرجاعات ببليوجرافية.

1 ـ المسارح ـ ديكور

2 ـ الفنون التشكيلية

3 ـ المسرح ـ إعداد

4 ـ الضوء والظل في الفن

أ ـ العنوان

ISBN: 9789948826231

الفضاءات المتواشجة التي هي سمة الفن المعاصر اليوم؛ الاقتناص المتبادل بين مختلف الأشكال الفنية التي صار من الصعب جداً تصنيفها وتجنيسها؛ واقتصر تعريفهم للتشكيل وللمسرح خصوصاً على أضيق الحدود؛ وهذا في اعتقادي السبب الجوهري في النكوص الذي يعيشه المسرح العربي اليوم، والذي يبدو وكأنه قد انتهى إلى مؤسسة عاجزة عن مجاراة روح الزمن الرقمي ومجتمع الشبكات.

لقد كان فن المسرح عبر العصور مديناً بتطوره وضمان استمراريته للتحولات التي تحصل في التشكيل، وذلك منذ عصر النهضة العظيم؛ فلولا منجزات العظماء من الرسامين المعماريين والنحاتين الذين عاشوا في إيطاليا في العصر الوسيط، لما تحرر المسرح من التمثيل الذهني (الإشاري)، ولما استقل عن الكنيسة بمعماره الخاص به؛ ولولا فورة الفن الحديث لما انفلت صانعو الفرجة من فخ النزعة الطبيعية والتصوير الفج للواقع؛ وهل كان لزهرة السينوغرافيا أن تينع لولا حركة البوب آرت وأشكال الفن المعاصر؟.. وكيف نتصور من دون فن الفيديو والفن البصري – الحركي، إمكانية تحويل مساحات العرض الحي من مجرد إطار إلى بلاتوه؛ وتعويض مفهوم الخشبة Scène بـ: المنصة Platforme؟

هذا الارتباط بين تاريخ التشكيل وتطور المسرح أكيد، وقد استوعبه الفنانون في أوروبا منذ القديم؛ وذلك بعكس ما هو حاصل لدينا؛ حيث ارتباط صناع المسرح – بمن فيهم السينوغراف – هو أوثق بالنص وبالشعر، أكثر منه بمنجزات الفنون البصرية.

لذلك، وباستثناء بعض الحالات النادرة التي أسهم فيها تشكيليون

مقدمة

تزخر مكتبتنا العربية بالكثير من الكتب حول المعمار المسرحي؛ وبعشرات البحوث حول تاريخ الديكور في المسرح؛ استفاض مؤلفوها في إيراد التعريفات الخاصة بالمناظر المسرحية وتحديد الفروق بينها وبين السينوغرافيا؛ هذا الاكتشاف الجديد للمسرح العربي خلال العقدين الأخيرين. رددوا على مسامعنا بأن صناعة المناظر لم تكن تعني أكثر من التأثيث الداخلي للخشبة Décoration؛ عكس السينوغرافيا التي هي هندسة وتنظيم للفضاء، عبر التوسل بالمواد والكتل والضوء والزي، وحتى الصوت، واستغلال كافة المستويات الأفقية والعمودية؛ العلوية والأرضية للمعمار.. هذا فيه شيء من الصحة، ولكنه أضحى مستهلكاً في زمن تغيرت فيه صورة الفن بشكل جذري؛ كما أنه غالباً ما يغفل جانباً مهماً، ألا وهو دور الفن التشكيلي والبصري في صناعة الخشبات، أو ما أسميه بصيرورة المسرح البصرية؛ لذلك، فلا غرابة إذا أسقط كثير من هؤلاء الباحثين من حساباتهم معادلة المسافة بين الفن التشكيلي والسينوغرافيا؛ هجنة

بارزون في صناعة عروض عربية ناجحة، أو تحولوا فيها إلى الإخراج والسينوغرافيا؛ فإن المسرح العربي لم يشكل بعدُ صعيداً يغري الفنانين البصريين بالإسهام والابتكار؛ مثلما حدث مثلاً مع بيكاسو وجياكوميتي في وقت من الأوقات؛ كما أن الفنانين التشكيليين الذين زاوجوا بين الفن والمسرح هم حالات نادرة ومعدودة على رؤوس الأصابع في ثقافتنا؛ إذ إن رجل المسرح لدينا يتلقى تكويناً مسرحياً خالصاً، في معاهد تقليدية لتدريس التمثيل؛ بعكس أوروبا وأمريكا، حيث كبار المخرجين والسينوغراف هم من خريجي معاهد التصميم والتشكيل والفنون البصرية: روميو كاستيلوشي Romeo castellucci، روبرت ويلسون Robert wilson، ديمتري بابايوانو Dimitri Papaioannou .. والأمثلة لا تعد ولا تحصى؛ حتى إن الابتكار في صناعة الخشبات اليوم، صار بيد الفنانين البصريين، ولم يعد بيد المسرحيين ذوي التخصص والتكوين التقليدي، حيث لا ينتج هؤلاء اليوم سوى مسرح تناظري تم إعلان موته منذ زمن.

هذا هو سر انحدار المسرح العربي، وهو أيضاً المفتاح لإعادة الحياة لأبي الفنون في ثقافتنا العربية المعاصرة، عبر تحويل الخشبات إلى سند فني – بصري، يؤمن تواصلاً كونياً، ويحقق الإشباع للعين كما للروح، في زمن تأفل فيه كل اللامرئيات.

من هنا، كان محتوى هذا الكتاب الذي لا يمكن فصله عن شكله وطريقة عرضه، هو تمحيص للعلاقة بين الرسم على السطح، والصباغة اللاواقعية في المساحات الفارغة؛ كما تتحقق اليوم على الخشبات المعاصرة؛ آملين أن يسهم هذا المجهود ولو بقدر ضئيل

في طرد بعض الغربان المستوطنة لخشباتنا العربية، والتي اعتراها الهزال والفقر البصري؛ ومستشرفين في نفس الوقت تجسير الهوة الشاسعة الحاصلة بين الفنون البصرية والأدائية.

وقد ارتأينا لأجل تحقيق هذا الهدف، تقسيم محتويات الكتاب إلى ثلاثة أبواب، خصصنا أولها لتشريح العلاقة الملتبسة بين التشكيل وتصميم المناظر منذ عصر النهضة وحتى فورة الفن الحديث؛ ثم انتقلنا في الباب الثاني إلى سرد حياة وموت السينوغرافيا باعتبارها منجز النصف الثاني من القرن المنصرم، مع التنصيص على أواصر الارتباط بين هذه الحياة وشيوع أشكال الفن المعاصر؛ قبل أن نختم في الباب الثالث بالوقوف عند التحولات الطارئة على مفهوم التمثيل الفني، في ظل اكتساح الشاشات بالمتعدد (هواتف ذكية، حواسيب، ألواح رقمية، تلفزات وساعات ذكية..) لمختلف مناحي حياتنا.

هل نردد مع نيتشه Nietzsche قولته البليغة: «ليس أكره عندي من ذلك الذي ليس بمقدوره سوى حشوي بمعلومات مطروحة على الطريق، من دون أن يحسن من فعاليتي، أو يقوم بتنشيطها بشكل مباشر»[1].. بالتأكيد سنفعل، لأن الولع بالسؤال والبحث لا قيمة له مع الاجترار وتشييد الأصنام، وعبادة آلهة المعاني الجاهزة؛ لذلك، فنحن لا نوده كتاباً حول فائض المعرفة، يستسلم لإغراء السياق التعاقبي من

1- Friedrich Nietzsche، Seconde Considération Inactuelle De l'utilité et des inconvénients de l'histoire pour la vie، Traduction de Henri Albert، Édition électronique (ePub، PDF) v:1،0 : Les Échos du Maquis، 2011. P : 4.

في ملتقى تاريخ التمثيل

«لا براءة في التمثيل، فنحن في التمثيل مذنبون.. سيظل التحريم يطارد التمثيل، لأنه عقابنا الأبدي بعدما طردنا من الفردوس»

يوسف الريحاني

التمثيل عماد الفن وملتقى كل أشكاله؛ لا فن بلا تمثيل، واستنفاد هذا المبدأ هو بمثابة إعلان موت الفن، ولكن ماذا لو تساءلنا من جديد: ما الفن؟ شعر، رسم، نحت، تصوير، مسرح، عمارة.. لنتفق بأن الفن أشمل من ذلك كله؛ هو بالأحرى الموسيقى الروحية للحضارة، هذا إذا كنا على اتفاق مبدئي بأن لأي حضارة وجهين (روحي ومادي). لقد ظلت السماء لفترة طويلة هي محور الأساطير القديمة، ونشاطات القرون الوسطى الميتافيزيقية؛ وذلك حتى حلول عصر الأنوار؛ حينما انتصبت حرية الإنسان كمحور بديل تدور حوله الروحانيات، ولكن هذا لم يلغِ التطهير؛ المفهوم ذا النزعة الدينية من معادلة الفن؛ فقد ظل الأساس النظري لتفسير حاجات الروح الملحة للفنون حتى في زمن التصنيع والرقمنة. فلسفة الفن الحديث برمتها ليست سوى نقاش مستفيض حول هذا المفهوم الغامض؛ حتى صار هو الجوهر والمفتاح في تفسير الغاية من الفن في المجتمعات المعاصرة.

أما التمثيل، فلا يستوي إلا كإنشاء للذات الحرة المفطورة على المحاكاة (المفهوم الثاني في نظرية الفن بعد التطهير)؛ سواء أكان هذا التمثيل صورة أو سرداً؛ استعارة ذهنية أو أداء حياً. ففي النهاية، لا يمكن تفسير الفن خارج نزعة التطهير (الروح)، ولا فهمه خارج مبدأ

المحاكاة (التمثيل)؛ ومن ثم، فنظرية الفن لا يمكن أن تتحقق إلا عبر الوعي بتلك العلاقة الجمالية الوثيقة بين الأصل والنسخة، بين الطبيعة (ميتة أو حية) والخيال؛ وليس فقط في مجرد الممارسة والمهارة اليدوية.

ندعي، وقد نكون على خطأ، بأن تاريخ الفن هو صناعة إغريقية بامتياز؛ ليس لأن اليونانيين هم أول من رسم الجداريات، ونحت التماثيل التي نسبت إلى فنانيها في سابقة من نوعها، أو لأن التراجيديات تحققت لديهم إنشاداً مؤدى داخل العمارة المسرحية عبر التوسل بالأقنعة والأزيـاء؛ ولكن لأنهم من ابتدع ظاهرة أرسطو، واضع أول مفهومين نظريين في الوعي بظاهرة الفن، ونقصد: المحاكاة والتطهير؛ ما لم يتحقق مع حضارات سابقة على اليونان؛ مارست هي الأخرى فنون الرسم والنحت والعمارة؛ على الأقل استناداً إلى ما وصلنا من تراث فكري مدوّن، وهل من تاريخ للفن بلا تنظير؟..

طبعاً مثل هذا الحكم لا ينفي بتاتاً عن هذه الحضارات السابقة لليونان إبداعها الخارق في الرسم والنحت والمعمار، وحتى في المسرح؛ هذا الأخير الذي لم يقترن اعتباطاً بلقب بأبي الفنون إلا لأنه جسد دوماً ذلك التوحيد الروحي لكل أشكال التمثيل الفني: الشعر إلى جوار النحت، والأداء في تجاور مع التصوير، والرسم في تقابل مع المعمار.. يمثل الشاعر أحلامنا إنشاداً، ويعيد التشكيلي قراءة هذا الإنشاد بصرياً؛ ما يمنح للكلاسيكيات الراسخة بهاءها ومقاومتها للزمن. والسؤال: كيف سيقيض لنا تصور حياة متجددة وسرمدية لأشعار القدماء: شكسبير Shakespeare وكورني Corneille وراسين Racine؛ أو حتى المعاصرين، مثل: بيكيت Beckett وبريخت

Brecht ويان فوس Jon Fosse .. لولا مهارة الفنانين في فك شيفرات الفضاء عند كل إخراج جديد، ولولا قدرتهم اللامتناهية على تصميم فراغ مبتكر عند كل تجربة أداء جديدة؟

فراغ العرض إذن هو ملتقى التمثيل الفني بامتياز.. فهو خير تجسيد لانحلال السطح (اللوحة) ضمن المساحة (الخشبة)؛ حيث مستويات من الداخل والخارج، الكتل والأحجام، الألوان والأضواء، والأجساد والحركات، وانتهاء بالفوتوغرافيا والفيديو والهولوغرام، كما هو حاصل اليوم في تشكيل الخشبات المعاصرة. أليس في ذلك إشارة إلى تمثيل يخترق الحدود ويقاوم التصنيف؟ أليست تلك سمة الفن المعاصر الذي هو عنوان عصر البصر؟

قيمة السينوغراف أنه ضمن للمسرح استمراريته في عصر الافتراض (الشاشات)، مثلما منح للتشكيلي فرصة الانعتاق من أسر جمود اللوحة الفاقدة عنصر التزمين. نحن لا ننكر على اللوحة والمنحوتة سمة الفعل، هذا صحيح، ولكن حياة الألوان والكتل والأحجام داخل فراغ الخشبات الحية هو ما يسبغ على هذا الفعل؛ الحث على رد الفعل؛ وهنا يقع الفرق واضحاً بين التمثيل لدى الفنان التشكيلي، الذي قد يقف في أحيان كثيرة مكبلاً أمام حركة الزمن ومتواضعاً أمام سعة الفضاء، وبين فرط التمثيل لدى السينوغراف الذي يكون بمقدوره تحيين كل ما هو بصري – ثابت ضمن صيرورة حركية وزمنية متحولة؛ فإذا كنا سنشبه العمل التشكيلي بحجر، فإن السينوغرافيا هي الريح؛ وما يسعد الفنان دوماً هو أن يصير ريحاً توغل في السفر، ولا يرقد في مكان البداهة كالحجر.

التمثيل إذن هو العنصر الجامع والحاسم بين عمل كل من الفنان التشكيلي والسينوغراف، بين المصور ومصمم المناظر، بين الرسام والمعماري؛ والتمثيل هنا أوسع بكثير من المعنى الضحل الذي التصق بقاموسنا اليومي، والذي طالما كان يقرنه بتشخيص دور، وتجسيد شخصية، أو تقليد حركات وأفعال؛ هذا جزء من التمثيل، ولكنه ليس كل التمثيل الذي جوهره ذهني بالأساس؛ مرتبط بـ: المحاكاة Mimesis وليس بـ: التقليد Imitation. ومن ثم، فالتمثيل لا يعني الخداع الذي ينزاح بنا عن الحقيقة، كما يوهمنا لفظه في الظاهر، وإنما على العكس من ذلك، لا يعمد التمثيل إلى الإخفاء إلا بغية إظهار المعنى، ولو بشكل يتعمد المناورة.

لنأخذ المنحوتة كمثال، أليست هي أول نموذج تاريخي وُظّف في تفسير نظرية المحاكاة؟ فكما أن كرسي أفلاطون ليس سوى محاكاة لمُثل غير مادية؛ فإن أي منحوتة بدورها ليست في جوهرها سوى محاكاة لصورة ذهنية، ومن ثم، فالفن برمته ليس سوى تمثيل لتصورات مفاهيمية.. هل نقول مع كلود ريجيClaude Regy بأن: «التمثيل ليس سوى إنتاج للصور؛ ومن ثم فهو لا يتحقق إلا تخييلياً في الذهن»[1].

من هذا المنطلق، ورغم النقاش المبكر جداً الذي قام حول تحقق لذة التراجيديا عبر الإنشاد والقراءة بمعزل عن التمثيل الحي داخل المنظر؛ إلا أن تطور المسرح عبر التاريخ ظل مرهوناً على الدوام بالتحولات التي تحصل في المعمار والفنون الجميلة، وهي تحولات كثيراً ما انعكست على طبيعة صناعة الفنون الحية برمتها وعلى

اختلاف أشكالها، لنقل بأنه كلما اِنْتُزِع المسرح من حركية التشكيل والمعمار افتقد صفة الفن، وتوارى نحو عصر المخطوط؛ لينحصر في مجرد إنشاد ينشد، وقصائد تؤلف استناداً إلى أوزان معينة. أليس هذا بالضبط هو معضلة الشعر العربي الذي يقترن لدينا بالقصيدة – وهذا موضوع آخر – وأيضاً معضلة المسرح العربي، وسبب النكوص الكبير الذي يعرفه اليوم؛ بحيث يبدو وكأنه خارج فورة الفنون البصرية والتشكيلية، تماماً كما يبدو شعرنا خارج حمى الفنون؟

تلك إشكالية أخرى، ربما ليست بالضرورة مركزية في هذا البحث؛ ولنحصر مجال اهتمامنا الآن حول التمثيل الذي يتخذ صورة البيان الواعي موضوعياً، القائم على المفارقة ذاتياً والتدمير معرفياً، عبر الدفع نحو توليد المضاعف Le double؛ وليس فقط الاكتفاء بنسخه وتقليده بشكل حرفي. هذا واضح جداً في الأداء، ولكنه كامن أيضاً في الشعر والمعمار والتصوير والفيديو.. والأهم، في الموسيقى.. وهو ما نتغافل عنه في غالب الأحيان.

إن المشكلة الحقيقية اليوم، هو أن عصرنا صار موسوماً بفرط التمثيل وتوسع حدوده، بشكل جعله يهاجر من حمى الفنون نحو مجالات السياسة والتشاركية المجتمعية، ما يدفع بالمجتمعات اليوم إلى التدرج نحو تحقيق التنوع: (اللغوي/ العرقي/ الإثني/ الثقافي..)، حتى تتمكن من تحيين وجودها المعاصر، ولكننا نذكر بأن هدفنا في هذا المقام ليس تمثيل السياسة؛ فهذا من اختصاص علم الاجتماع والقانون، وإنما موضوعنا هو سياسات التمثيل في الفنون، وخاصة، تراوحها بين التشكيل والسينوغرافيا، بين ما هو مكاني وزمني، وما

هو فضائي؛ حيث الخلاصة الأكيدة: أنه كلما ابتدأ التمثيل انتهى عصر التقليد، وانفتح الباب واسعاً أمام الابتكار والتجديد؛ مثلما حري بنا أن نذكر أيضاً بأننا لسنا معنيين بالاشتغال بالقضايا المتصلة بالمسرح أو بالتشكيل؛ فهذا جزء من الإشكالية فقط وليس جوهرها؛ ولكن الأهم: هو كيف تحيا الأشكال والأحجام والألوان في تراوحها بين السطح والمساحة، بين ما هو محصور في المكان ومسيّج بالزمن، وبين ما هو سابح في الفضاء؟.. هذا هو سر الحياة في الفراغ.. أو ليس الفن بتعبير كاندينسكي سوى حياة الألوان؟

وإذا كان لا بد لكل بحث من فرضيات؛ فإننا نقترح بأن نصوغ فرضياتنا في شكل أسئلة، ربما قد تعين على قدح زناد التفكير الذي نوده مرحاً، وبعيداً عن اجترار التعريفات المدرسية للتشكيل وللمناظر المسرحية والسينوغرافيا، فهذا مطروح على الطريق، وفي متناول من ينقر على رز حاسوب؛ كما أن طموحنا لن ينحصر في مجرد السعي لامتلاك مفاهيم جاهزة دون تجريبها، لأن ذاك هو ما يشرعن للجهل، ويباعد بيننا وبين العلم. لقد سبق للمفكر إيهاب حسن أن أقر في أكثر من مرة، بأن: «تاريخ المفاهيم والمصطلحات لا يخدم إلا في تأكيد العبقرية اللاعقلانية للغة»[2].. وكان مصيباً إلى أبعد حد.

هي فرضيات/ أسئلة، نصوغها مؤقتاً كالآتي:

ـ كيف يقيض للتشكيلي تحقيق صيرورة ـ السينوغراف Devenir scènographe ـ؟.. وكيف له أن يطوع مفهومه للتمثيل، حتى يتمكن من اختراق حدود السطح والمساحة؟

– وإذا افترضنا مسبقاً بأن صيرورة – السينوغراف هذه ليست في متناول أي فنان تشكيلي؛ فهل بالإمكان تصور هذه الصيرورة من دون تصادم وتشابك مع المادة التشكيلية، ومن دون حلول روح التشكيلي في جسد المصمم؟

– وإلا فكيف سيقيض لهذا الأخير التعامل مع الفراغ، من دون التسلح بذخيرة تشكيلية وبمعزل عن التناص مع منجزات الفن الحديث والمعاصر؟..

السينوغراف قد لا يكون بالضرورة فناناً تشكيلياً لامعاً؛ ولكن جزءاً كبيراً من تكوينته هو تشكيلي بامتياز، ولا بد أن يتم في معاهد للتصميم والصباغة والهندسة الداخلية والكرافيزم أيضاً، وهذا تشهد به وضعية السينوغرافيا في المسرح المعاصر بأوروبا وأمريكا واليابان.. ومن ثم، أفليست السينوغرافيا مجرد توسيع للتمثيل الفني؛ أو بعبارة أدق:

تشكيل مفرط في تشكيليته؟

هوامش التصدير:

1 ــ كلود ريجي: المسرح روح العالم، ترجمة: يوسف الريحاني، مجلة الكلمة، عدد مارس 2021م. انظر الرابط: http://www.alkalimah.net/Articles/Read/21809

2 ــ إيهاب حسن: نحو مفهوم لـ«ما بعد الحداثة»، ترجمة: صبحي حديدي، ضمن كتاب (ما بعد الحداثة II ــ فلسفتها) إعداد: محمد سبيلا وعبد السلام بنعبد العالي. دار توبقال للنشر، الدار البيضاء، 2007م. ص 10.

الباب الأول:

التشكيل والخشبات:
تشريح علاقة

«مع أن لعنصر المرئيات المسرحية جاذبية انفعالية خاصة به، إلا أنه أقل الأجزاء كلها من الناحية الفنية، فمن الممكن الشعور بتأثير التراجيديا حتى ولو لم يقم بتقديمها ممثلون في عرض عام.. خلق التأثيرات المرئية يعتمد على أصحاب الفنون المتعلقة بالإخراج المسرحي، أكثر مما يعتمد على الشاعر التراجيدي»

أرسطو – فن الشعر

ترجمة: إبراهيم حمادة

«كـان واحـداً من أحلامي في ذلك الحين أن أصغي إلى قيثارات بيكاسو وهي تعزف موسيقاها»

جان كوكتو

(مخرج عرض الباليه Parade)

«ما لم يوجد الرسام العظيم الذي يستطيع أن يقدم للممثل أصعب المناظر في إطار فني بسيط، فسيظل الممثل الحقيقي يحلم بخشبة واسعة بسيطة»

ستانيسلافسكي

ما يُسْمَع وما يُرَى

لنتفق أولاً على أن الاهتمام بالمَنْظَر المسرحي لم يكن ليتحقق لولا تطور التمثيل الفني من عصر الصنم إلى عصر الإنسان؛ وما صاحبه من تحول تدريجي من الإنشاد إلى الأداء. هل بالإمكان تصور ذلك قبل عصر النهضة؟

بالتأكيد الجواب سيكون بالنفي، لماذا؟.. تفسير هذا النفي وفق ريجيس دوبري Régis Debray مقترن باختراع المطبعة، التي شكلت حداً فاصلاً بين عصرين فارقين: عصر الإنتاج الخطي Logosphère الذي كان عصر الصنم؛ وعصر الإنتاج المطبوع Graphosphère [1]، أو عصر الفن بامتياز. مجد الأول فن الخطابة والاستعارات الذهنية؛ في حين أعلى الثاني من شأن الفنون التشكيلية والموسيقية على وجه الخصوص. ولكن، هل نفهم من ذلك بأن نهاية عصر الإنتاج الخطي، مروراً باليونان ثم الرومان، وانتهاء بالحضارة الإسلامية التي بدأت في الأفول مع ظهور المطبعة، ولن تقترن نهضتها بعد خمسة قرون إلا مع استقدام مطبعة بولاق.. هل نفهم من نهاية هذا العصر، نهاية للشعر؟..

هو بالأحرى نهاية للتمثيل في شكله الاستعاري – الخطابي، بعدما بدأ يتحقق فعلياً ومادياً خلال العصور الوسطى عبر وساطات جديدة: كاللوحة التشكيلية والمنحوتات التي أبدعها فنانو عصر النهضة العظام بأوروبا. لاحظوا جيداً دلالة التواريخ؛ فهي لا تخضع للبداهة ولا للمصادفة؛ ففي السنة التي مات فيها مايكل أنجلو – Michel Ange سيولد شكسبير Shakespeare [2]؛ ومن بعده سيتوالى ميلاد رواد المدرسة الكلاسيكية، بدءاً من كورني Corneille[3] فموليير [4] Molière، ثم راسين Racine [5].. كلهم لن يروا النور إلا بعد قرن كامل من منجزات رافاييل Raphaël ودافينشي De Vinci وجيل فناني النهضة العظام، الذين اكتشفوا المنظور وتقنيات التوهيم التي جعلت الرسومات أكثر واقعية وطبيعية.

مبادئ بوالو Boileau الشهيرة، والتي تعادل في ثقافتنا ألفية المذهب الكلاسيكي [6]؛ لم تكن بدورها لتصاغ بهذا الشكل المتسق، إلا بعد مرور قرن ونصف القرن من منجزات النهضة التشكيلية في الرسم والصباغة والنحت؛ وكل هذا له دلالاته؛ وحتى تطور المعمار الذي احتضن نشأة المسرح بعد خروجه من الكنيسة، لم يكن لينوجد إلا بفضل التحولات التي حصلت في وعي الفنانين التشكيليين في عصر النهضة.

إحياء تقاليد التراجيديا في القرون الوسطى نفسه سيقترن بإدارة المؤلفين ظهورهم بالتدريج للإنشاد، وللصوت الواحد في مقابل الكورس، نحو الاهتمام الأوسع بالتجسيد الحي للحدث والشخصيات، والمهم اهتمامهم لأول مرة بتجسيم المكان والزمان؛ وهنا بدا صعباً

أن يصمد منظور أرسطو بخصوص لذة تقبل الفن، التي تتحقق من وجهة نظره النقدية شعراً عبر الإنصات والسماع لقصائد الديثورامب، وليس بالضرورة عبر ما يُرى ويُشاهد؛ ونقصد من خلال المنظر؛ فهذا الأخير وفق أرسطو لا علاقة له بالشعر الخالص (أي الفن)، لكن وعلى العكس من ذلك، كان شكسبير في العصر الوسيط لا يكتب أشعاره إلا وفي ذهنه تصور معين للمعمار الذي ستؤدى فيه هذه الأشعار للجمهور؛ ولم يكن هذا ببساطة سوى أن المسرح أصبح بإمكانه ولأول مرة في التاريخ: «استخدام الدلالات الموجودة بالفعل للفراغات الأخرى، كل في ذاتها، وفي حدود وضعها داخل المدينة، هذا ما كان يحدث باستمرار في الواقع. وقد كانت مثل هذه الديناميكية متوافقة مع رؤية العصور الوسطى للعالم»[7].

تكلمنا لحد الساعة في التاريخ والمجتمع، والآن في المعمار؛ فهل نخلط ونتيه بين مجالات غير خالصة؟ قطعاً لا، لأن العلاقة بين الفنان التشكيلي ومصمم المناظر المسرحية وُجِدَت عبر التاريخ ضمن مجال تقاطع حقول عديدة، وأي انسجام في فهم هذه العلاقة، لن ينشأ إلا من خلال جعل هذا الخلط نسقاً واحداً وموحداً. القاسم المشترك بين مختلف هذه المجالات هو التمثيل، أي: كيفية صناعة الصور، مع اختلاف صعيد الصلابة الذي يستند إليه كل مجال؛ ولكي نستوعب الظروف التي نشأت فيها مهنة مصمم المناظر المسرحية، فلا بد لنا من استيعاب التصادم الزمني بين عصرين؛ أولهما (عصر الإنتاج الخطي) مجد الخطابة، فيما نزع الثاني (عصر الطباعة) إلى تبجيل الأيقونة؛ ومن ثم كان من الطبيعي أن يقذف العصر الأول بالفنان التشكيلي خارج حدود الشعر الخالص، ماحقاً دوره في صناعة

التمثيل الفني، باعتبار أن عمله ينتمي إلى الصنعة اليدوية لا إلى الفن؛ عكس العصر الثاني الذي سيفسح المجال واسعاً أمام الصورة بأيقوناتها الرمزية لتتسيد وتعمل في أرواحنا وأجسامنا، ومن ثم، لتحجز مكاناً لها داخل الشعر الجديد.

لقد كان جمهور التراجيديا في عصر الخطابة يشتغل بأذنه أما العين، ففي أندر الأحيان، ولكن وبعد عصر النهضة سترتقي العين لتحجز مكاناً لها إلى جوار الأذن، وهنا بالضبط، سيلج الفنان التشكيلي والمعماري مهنة صناعة الخشبات الحية، إلى جوار المؤلف/ الشاعر الذي كان في الغالب هو من يشرف على إخراج أعماله بنفسه، ولكن أليس مثل هذا الحكم جائراً بعض الشيء؟

الأكروبوليس لا يزال شامخاً وشاهداً إلى اليوم على عظمة المدينة اليونانية التي احتضنت المعمار المسرحي، ودليلاً قوياً على أن التراجيديات الإغريقية قدمت بشكل حي أمام جمهور كبير، وداخل بناء مخصص لذلك. هذا صحيح، «ففي القرن الخامس ق.م جرت العروض المسرحية في الساحة (الأوركسترا) المقابلة لمعبد الإله ديونيزوس أمام مقاعد خشبية أعدت للجمهور. هناك مثلث مسرحيات إسخيلوس (..) لم تكن هناك حدود فاصلة بين مكان الأوركسترا وأداء الممثلين. وكان الحوار ظاهراً على المسرح وغير ظاهر في بعض الأحيان بحسب متطلبات الموقف الدرامي»[8]. هذا واضح ومعروف، فلقد وجد بالفعل معمار مسرحي وجمهور كبير يحضر ليشاهد هذه الأشعار مؤداة، ولا يكتفي بسماعها فقط، ولكن أين هو موقع البصر من كل ذلك؟

نحن لا ننكر بأنه كانت هنالك إكسسوارات، والأهم أقنعة يلبسها

المؤدون عند أداء أدوارهم المختلفة؛ أي نعم، ولكن ذلك كله كان لخدمة مضمون الإنشاد والغناء المركزيين في هذه العروض؛ والسبب أن هذه الاحتفالات كانت في الأصل مسابقات في الإنشاد الشعري – الموضوعي؛ حتى إن المؤدين يمكن أن يكونوا ظاهرين للعيان، أو غير ظاهرين؛ كما يشير إلى ذلك الدكتور كمال عيد في المقطع أعلاه؛ لذلك كانت هذه العروض تستمر طيلة النهار، وأحياناً تتواصل لأيام كاملة؛ ناهيك عن أن: «المراجع العلمية لم تفصح كثيراً عن شكل الزي في المسرح الإغريقي، وهو ما يوجب الحذر فيه عند مناقشة هذه الفقرة»[9].

والحقيقة أن خطاب أرسطو واضح، ولا يحتاج إلى تأويل من أي نوع؛ وجوهره أن دور الرسام والنحات في التراجيديا لا يتعدى وظيفة الصانع، دون أن يرتقي إلى مرتبة الفنان الذي هو الشاعر، مؤلف المآسي العظيمة؛ إذ نجده يقول بوضوح تام: «مع أن لعنصر المرئيات المسرحية جاذبية انفعالية خاصة به، إلا أنه أقل الأجزاء كلها من الناحية الفنية، فمن الممكن الشعور بتأثير التراجيديا حتى ولو لم يقم بتقديمها ممثلون في عرض عام.. خلق التأثيرات المرئية يعتمد على أصحاب الفنون المتعلقة بالإخراج المسرحي، أكثر مما يعتمد على الشاعر التراجيدي»[10].

كان أرسطو منسجماً مع ثقافة عصر الإنتاج الخطي وأحد منظريه العظام فنياً؛ وهو اختار لكتابه الرائد عنواناً يليق بعصره: فن الشعر، وليس أدب الأشعار مثلاً.. وهذا له دلالاته أيضاً.. ولأن تاريخ الفن ليس سابقاً على تاريخ الأفكار فحسب، وإنما سابق حتى على تاريخ الأحداث نفسه، فإننا سنفهم كيف قيض لفناني عصر النهضة أن

يضطلعوا بالدور الأبرز في تحول مجرى الذهنيات والممارسات الروحية برمتها؛ إذ امتلكوا وبفضل اكتشافهم لتقنيات المنظور؛ القدرة على تحرير الفن من الميتافيزيقا، بتثبيت منطق العزل النسبي عن الكاتدرائية، التي احتكرت التمثيل باسم الشعائر الدينية.

جازماً، يعتقد مارفن كارلسون Marvin Carlson بأن أهم تحول في العلاقة بين الفنان التشكيلي ومهنة تصميم المناظر المسرحية إنما هو ذلك الذي تم خلال عصر النهضة؛ حينما: «حل القصر محل الكاتدرائية كمركز للمدينة، وأصبح الأمير هو بؤرة التوجه الاجتماعي.. (ذلك كله) وضع المسرح في إطار مضمون اجتماعي مختلف جداً عن ذلك المضمون الذي كان موجوداً في الأزمان القديمة، وتعكس الصورة المادية للمسارح الجديدة هذا الاختلاف بشكل لا يثير الدهشة»[11].

صحيح استمرت فرجات الشارع المقامة في الساحات العمومية طيلة عصر النهضة، وهي فرجات حية ظلت تستجيب لشرط ما يُسْمع؛ غير أنها بدأت بالتدريج وإزاء ظهور المعمار المسرحي المستقل عن بناية الكنيسة، في الاستئثار بقدر ضئيل جداً من اهتمام الدوائر الرسمية الممثلة في الأكاديميات الكلاسيكية؛ إذ صار المسرح المعتمد من لدن هذه الأكاديميات هو الفن الكلاسيكي الذي أحيا التراجيديات المؤلفة أشعارها خصيصاً، حتى تؤدى داخل بنيات تعكس هرمية الأرستقراطية الأوروبية الناشئة خلال العصور الوسطى؛ هذا كله كان تعزيزاً وتتويجاً لولوج الفنان الرسام صانع النهضة لميدان المسرح؛ كيف لا وهو صاحب مصنع الصور الخاصة بمجتمعات الفيودالية الجديدة.

الفصل الأول:

من تقنية المنظور إلى ظهور الأوبرا

عوض استعراض معلومات عن تاريخ نشأة تقنية المنظور في الرسم والمعمار، معظمها مطروح على الطريق؛ دعنا نتفق على حقيقة مؤداها أن سياسات التمثيل في أوروبا انصهرت منذ البداية بتعاليم المسيحية. لن يكون بمقدورنا أبداً إنكار حقيقة أن التمثيل الفني كان في جوهره لحمة من تاريخ هذه الديانة، وقدرتها على التحول من صلابة الأرثوذكسية ــ البزنطية، التي ذهبت أحياناً إلى تحريم التصوير، نحو رخاوة نسبية للكاثوليكية ــ الإيطالية تجاه الأيقونات؛ أي من أشباح الإمبراطوريات وأطيافها إلى «ممثولية الملكيات»، ونظام الدولة ــ المدينة. هل ننكر بأن الفن في عصر النهضة لم ينبعث إلا بفضل أدواره التبشيرية التي بثت الحياة في الرسالة الإيمانية؟.. وهل نتنكر لحقيقة أن التمثيل لم يفرض ذاته كأداة للاستثمار الرمزي إلا بفضل هذا الارتباط بالمقدس، والقدرة على تأويل المسيحية في شكل تصوري خالص؟ نحن قد نفهم اليوم، لماذا قال الباترياش نيسيفور Patriarche Nicéphore [12] بثقة: «إذا ما نحن حذفنا الصورة، فلن ينمحي المسيح لوحده، بل معه الكون بكامله» [13].

لكن ومنذ بداية القرن الخامس عشر، وإثر الوعي الرياضي الذي حصل بالأبعاد الثلاثية للمكان، سيصير بإمكان التمثيل الفني الانعتاق من سلطة اللاهوت، والسير بالتدريج نحو الدنْيَوَة [14] Sécularisation، أي الانتقال المتدرج وعبر قرون من هوية لاهوتية خالصة، وثيقة الصلة مع القيم والمؤسسات الكاثوليكية التي أشرفت على تأسيس وإدارة الأكاديميات الكلاسيكية؛ نحو القيم غير الدينية. تم ذلك أيضاً بفضل الإصلاح البروتستانتي؛ هذا لا ينبغي إغفاله؛ وها نحن من جديد نعود لدور المطبعة؛ وإلا فهل كان بإمكان اعتراضات مارتن لوثر Martin Luther أن تنتشر لولا اختراع غوتنبرغ Gutenberg؟

الفكرة تبدو مغرقة في الاستيهام؟، ولكن شرعيتها قائمة من منطلق أن توطيد دعائم الوهم هو من خلق انطباعاً بواقعية التمثيل بشكل لم يسبق له مثيل؛ وهذا مهم جداً. البراعة في استخدام تقنيات المنظور الرياضية في الرسم مثلاً (نظم الوهم الفني) هي ما سترسخ وعياً مغايراً بالفضاء وبأبعاده المختلفة: (طول/ عرض/ ارتفاع/ عمق/ حركة..)؛ ما سيربك كل شيء، ويدفع للقطع مع تقاليد التمثيل الماضية. اكتشاف تقنيات تجسيم الأبعاد [15] هو من جعل التصوير أكثر واقعية؛ مثلما وطد العلاقة بين الفن والطبيعة وجعلها أكثر رسوخاً؛ والنتيجة أن المنظور هو ما سيمنح للصور الجديدة قدرة لامتناهية على ترسيخ نظم رمزية للفضاء، مستقلة وقادرة على الانفلات من سلطة اللاهوت؛ وهذا كان أكبر دافع لارتقاء الفن واستقلاليته؛ بما في ذلك المسرح، الذي أضحى بفضل هذه الطفرة التشكيلية مكتملاً، وقادراً على صياغة علاقة مغايرة بين الرسام والمعماري؛ أي؛ بين فهم المكان وإدراك الزمان.

لقد ساهم فنانو عصر النهضة العظام، الذين استوعبوا بسرعة تقنية برونيليشي Brunelleschi في تخليص التمثيل الفني من طقوس الأعياد الدينية وعيد الفصح التي دارت في الكنائس حول موت السيد المسيح وبعثه؛ واستمرت حتى بدايات القرن السادس عشر. كان ذلك حاسماً في ظهور مفاهيم الخشبة/ اللعب؛ ومن ثم المنظر؛ هذا الأخير بالذات الذي لم يكن يعني سوى ربط أدب التراجيديا بالمجتمع. لذلك «لم تكن النهضة تعني إعادة إحياء القديم فقط أو تجديده أو تقليده في صور جديدة؛ لكنها كانت تربط المسرح بالتطور الاجتماعي الذي نشأ عن انبثاق النهضة وإقامة علاقات اجتماعية جديدة بين البشر.. وكانت فينيسيا (البندقية) التي اختارها شكسبير عنواناً لفكاهته (تاجر البندقية) مركز الحضارة المسرحية هناك»[16].

ملكة التصوير والقدرة على فهم التباس الصور كانتا من أهم العوامل التي جعلت من إيطاليا مركز التمثيل الفني في عصر النهضة؛ يتجسد ذلك عملياً مع الرسام والمعماري الإيطالي، دانييل بربارو Daniele Barbaro عبر كتابه المبكر تطبيق المنظور Practia delle prospettiva الذي كان له دور مهم في تطوير الجوانب العملية للديكورات المسرحية الحية؛ وقبله مع مواطنه المعماري والرسام الشهير سيباستيانو سيرليو Sebastiano Serlio صاحب كتاب (سِفْر المنظور)، ومصمم أول خشبة بستائر وإضاءة داخلية وخارجية؛ وذات حلول غير مسبوقة في تلوين وتغيير المناظر، باستعمال تقنيات الرسم الإيهامي؛ للإيحاء بالارتفاع والعمق.

كـان كل شـيء يحدث في المسرح وفق اعتقاد سيباستيانو

سيرليو يستمد مصداقيته من طبيعة المنظر الذي يدور فيه؛ فالحب والمغامرات الخارجة عن المألوف، وأيضاً نهايات الموت العنيف والقاسي لا يمكن أن تحدث إلا في منازل العظماء، حيث الفخامة المستمدة من حضور التماثيل واللوحات العظيمة مثل لوحة بالتيمور؛ هناك اختار سيرليو أن نصعد إلى المشهد المأساوي عبر درجين منفصلين (انظر الصورة 1)، في حين لا ترتبط مشاهد الملهاة إلا بأفعال العامة الموجودين في أماكن أقل علواً وعلى ارتفاع بشري فقط، وخالية من الأعمال الفنية المتعالية من منحوتات ولوحات؛ ومن ثم، نصل المشهد الكوميدي من خلال درجين يلتقيان في هبوط واحد. (انظر الصورة 2).

المنظور Perspective إذن كان هو المعبر الذي جسر الهوة بين المعماري/ الرسام وصانع المناظر المسرحية؛ وكان أيضاً الأداة الانقلابية في تنفيذ المناظر، عبر تشكيل له أبعاده الرياضية على مساحة العرض الحي. نتحدث هنا عن المعماري والرسام باعتبارهما معاً معادلاً تشكيلياً للتراجيديا والكوميديا. لنضع في اعتبارنا بأن كل هؤلاء الفنانين الذين صمموا خشبات العروض الحية خلال عصر النهضة المبكر، زاوجوا بمهارة بين الرسم والصباغة، وبين مهنة التصميم المعماري؛ فأسماء مثل: برونيليشي، رافاييل، برامانتي Bramante وسيرليو نفسه، بدؤوا حياتهم رسامين قبل أن يمتهنوا الهندسة المعمارية وتصميم المباني.. ومن ثم، وبفضل تقنيات المنظور، سيتمكن الرسام والنحات من إعادة إنتاج فيزياء المكان بأشكاله وأبعاده وأحجامه المختلفة، وبالفعل تحقق ذلك في كثير من

الأحيان عبر توسلهم بمواد استعملوها في لوحاتهم ومنحوتاتهم؛ فجعلوا من المسرح ولأول مرة في التاريخ، فضاء أيقونياً بامتياز؛ يعج بمختلف العلامات.

فنان المناظر المسرحية إذن لم يكن ليولد إلا من رحم هذا التزاوج بين صورية المعمار وإشارية التشكيل؛ ولولا ذلك لما قيض للمسرح أن يتطور كفن خارج إيطاليا، منتقلاً إلى باقي بلدان أوروبا التي استوطنها حتى حدود القرن التاسع عشر، ثم ليتم تصديره بعدها من القارة العجوز نحو باقي دول العالم الأخرى التي ضربها تسونامي التحديث بفعل الصدام الحضاري، أو التصادم العسكري؛ كما هو حال بلادنا الإسلامية وأوطاننا الناطقة بالعربية.

لقد حُسِمَت مشروعية المهندس المعماري في صناعة الخشبات بفضل انتشار الأبنية التي احتضنت التمثيل في إيطاليا أولاً؛ ثم في انجلترا وفرنسا ثانياً، قبل أن تعم قاعات المسرح باقي البلدان الأخرى؛ ورغم أن السلطة العليا ظلت طيلة النهضة والأنوار للكلمة، حتى إن الإنجليز في عهد شكسبير نادراً ما استعملوا كلمة ديكورات؛ فإن تطور بناء المسارح سيسهم بلا شك في تطور مختلف أنواع الخشبات التي صارت مع الوقت، تتضمن غرفاً لتبديل الملابس، ورافعات لتغيير المناظر بحسب تغير الفصول؛ وهذا ما تطلب على الدوام حضور شخصية المعماري/ التقني إلى جوار المؤلف/ المخرج، أكثر من حضور التشكيلي/ الرسام، بغية حل مشكلات تقنية بالأساس، حتى تفتقت عبقرية المصممين عن فكرة الستائر خلال القرن السابع عشر؛ حيث إزاحة كل ستارة كان يعني مشهداً جديداً.

طيلة قرنين من اكتشاف تقنية المنظور في الرسم، ظل الفنان التشكيلي في علاقته بتصميم الخشبات يحيا في جبة المهندس والمعماري؛ تابعاً له، إذ لم يكن الحديث وقتها يدور عن تصميم مناظر وإنجاز خلفيات مرسومة مستقلة عن جداريات البناية التي تحتضن فعل التمثيل إلا نادراً. أعمال شكسبير مثلاً خير نموذج على ذلك؛ فلقد قُدمت كلها على مسرح من خشب، نصف دائري بصم العصر الإلزابيثي برمّته، واشتهر باسم مسرح الغلوب [17] Globe Theatre بحيث تضمنت خشبته أبواباً وشرفة وحائطاً، ستظل تمثل الخلفية Backround شبه الدائمة لمعظم مسرحياته الخالدة.. من تلك الشرفة تناجت جولييت مع روميو الواقف أسفلها؛ وعند ذلك السور تراءى لهاملت شبح أبيه؛ وقرب ذلك الباب قُتِل مكبث على يد مكداف.. وحدها الإشارات اللفظية من كانت تعين الجمهور على تمثل تفاصيل الأمكنة ذهنياً، لكن بالاستعانة أيضاً ببعض الملحقات والإكسسوارات البسيطة، دون أن نتناسى طابع المعمار ذاته الذي تميز بالمرونة، عبر وجود وحدات مكانية مختلفة كالشرفات والفتحات والأبواب (انظر الصورة 3)؛ وهذا منطقي ولا تناقض فيه؛ لأن مؤسسة التاريخ لا تعمل إلا بالتدرج؛ وأحياناً بالرجوع خطوات للوراء قبل تحقيق قفزة كبرى نحو الأمام؛ وهي القفزة التي ستتحقق فعلياً في القرن الثامن عشر مع ازدهار فن الأوبرا؛ إذ ستصالح الموسيقى بين الرسام والمصمم؛ مثلما ستباعد بين الخطابة والتمثيل.

أشار نيتشه Nietzsche في كتابه الخالد (مولد التراجيديا) إلى أن: «الفن يستمد مقومات نموه المستمر من الثنائية المتمثلة في أبولو

وديونيس»[18]؛ الأول مرتبط بالنحت فيما الثاني بالموسيقى؛ لا فن يتحقق من دون ثنائية المرئي واللامرئي.

يستفيض شارحاً هذه الفكرة بقوله: «التشكيل والموسيقى طالما كانا يتماشيان جنباً إلى جنب في جفاء شديد؛ ما يعطي لصراعهما المتعارض طبيعة أبدية مفارقة، فلا يلتقيان إلا عند عبارة الفن فقط»[19]. وقد كان مصمم المناظر الخاصة بعروض الأوبرا التي ازدهرت بشكل كبير في المجتمعات الأرستقراطية للقرن الثامن عشر هو تلك المعجزة الميتافيزيقية، التي ستجمع بين هاتين النزعتين المتخاصمتين؛ بحيث ستثمر زواجاً فنياً بين أبولو وديونيس؛ سينعكس بالضرورة على تعميق الصلة الجمالية والمهنية بين الرسام/ النحات وبين مصمم الديكورات؛ إذ إن تراجع الكلمة لصالح الموسيقى في صناعة العرض الحي هو من سيدفع بالفنان التشكيلي إلى توسيع مداركه، والتعامل مع المرئي بنفس طريقة تعامل الفنان الموسيقي مع اللامرئي؛ أي بالإحساس الخالص بقيمة الزمن. كان ذلك هو ما أعلى من قيمة المنحوتات والرسومات المصنوعة خصيصاً كخلفيات لعروض الأوبـرا؛ مثلما أغناها بأهم خاصية تتميز بها الموسيقى ويفتقدها التشكيل، ألا وهي: التنويعات Variations.

أشرنا سابقاً إلى أن الستائر كانت ذروة ابتكار مصممي مناظر العروض الحية في القرن السابع عشر؛ مع استحضار تقنية المنظور السابقة على اختراع هذه الستائر؛ وذلك كان يعني بأن الفنان الجامع بين التشكيل والهندسة والذي انخرط في مهنة تصميم الديكورات قد وجد حلاً بفضلهما (المنظور والستائر) سمح له بتقسيم مغاير

للخشبات الحية: الخلف Lointain ـ الأمام Rampe / اليمين Coté
cours ـ اليسار Coté jardin ؛ ما كان يعني ببساطة حل مشكلات
الأماكن المتواقتة؛ بمعنى ظهور أكثر من حادثة في وقت واحد،
مع مراعاة أماكنها المختلفة Simultaneous. ثم جاءت التنويعات
الموسيقية لتسهم بدورها في إغناء صناعة الصور الأوبرالية المعتمدة
هذه المرة على السلم الموسيقي سمعياً (ديونيس)، في تزامن وتوافق
تام مع التنويعات المكانية بصرياً (أبولو)؛ وهذا بالضبط ما ضمن لفن
الأوبرا وقتها التميز والنجاح منقطع النظير؛ خصوصاً مع نمو النزعة
الغنائية ـ الرومانسية في أوروبا بعد الثورة على الفيودالية؛ حتى نُقل
عن البابا كليمن التاسع IX.Kelemen بأنه كان يؤلف ويكتب بنفسه
أوبرات وسوناتات للمغنيات في الأوبرا، كما اشترك الكاردينالات
بدورهم في تصميم الأزياء لفن الأوبرا[20].

لقد فرضت عروض الأوبرا معماراً خاصاً للعروض الحية، هو
الأقرب لشكل المسارح كما عرفناها وتمرسنا بها في القرن الماضي؛
أي العلبة الإيطالية المغلقة، التي تعتمد الإظلام التام دون أن تستعين
بأضواء النهار الطبيعية، وتفصل بشكل واضح بين منصة الأداء
ومساحة الجمهور. مؤثرات أصوات الريح والبرق والمطر بدورها
ستفرض ضرورة إيجاد حيز مخفي هو المعروف بالكواليس التي يختفي
فيها التقنيون المكلفون بمهام التمويج الصوتي عبر آلات إيقاعية معينة؛
كما أن الحضور الحي للأوركسترا سيفرض إيجاد مكان مخصص
لهم بالقرب من الخشبة. هذه البناية التي تشكلت مع ازدهار فن الأوبرا
كان من منجزاتها ابتكار الإطار المحدد لمساحة الخشبة، ومستوياتها

الأمامية والخلفية؛ وهو ما ساهم في تطور الرسومات المنظورية، وهذا كان يعني ببساطة الاعتماد على الفنان التشكيلي في التصميم المرئي لفن العرض بشكل أوضح وبحضور أقوى من السابق.

كان فن الأوبر بمثابة منعطف تاريخي أشر على حقيقة درامية جديدة تعتمد محاكاة الواقع الاجتماعي الجديد.. جسدت ذلك بامتياز أعمال موتسارت Mozart التي ابتكرت ولأول مرة في التاريخ أوبرا ملهاوية، تقوم على كوميديا مستوحاة من تصوير مفارقات نبلاء العصر البائد، وتصرفاتهم المضحكة: زير النساء دون جيوفاني[21]؛ ومقالب الحب في كوزي فان توتي.. ولم يكن ذلك ليعني شيئاً سوى تمثيل فني يعتمد مزيداً من المناظر الطبيعية والرسومات الواقعية، التي لم تعد تقتصر فقط على خلفيات منظورية تعين الجمهور على تصديق واقعية الحدث، عبر إضفاء سمة الواقعية على الأمكنة؛ ولكن اكتسحت الرسومات جدران وأسقف البنايات المسرحية الجديدة حتى صارت بمثابة متاحف حقيقية. (انظر الصورة 4).

إن وقوع التمثيل الفني تحت إغواء فتنة التطابق مع الواقع الجديد، لمجتمعات أوروبية بدأت تلج للتوّ حقبة التصنيع، هو الذي من سيحكم على الصورة الذهنية بالتواري تدريجياً لصالح ما هو مرئي بالأساس. شاع ذلك مع فكرة روّجها الأطباء، مفادها أن تأمل صورة للشلالات يبث في المصاب بالحمى نفساً بارداً؛ وهي الفكرة نفسها التي تنطبق على جمهور الأوبرا داخل العلبة الإيطالية؛ حيث لوحة منظورية لممر ممتد داخل قصر فخم تعطي إحساساً بالعمق والنفاذ، ومن ثم تحقيق الصدق الدراماتيكي.

أميل إلى الاعتقاد بأنه لولا هذا الإعجاب اللامحدود لجمهور القرنين الثامن عشر والتاسع عشر بالصور الزيتية الطبيعية التي كان يستطيع سماع أصواتها، لما تمكن الفنان التشكيلي من الانعتاق أخيراً من جبة المعماري ليكتسح لوحده مهنة تصميم الخشبات الحية. فقد ظل المعماري سيد تصميمات عصر النهضة؛ حينما كانت الأمكنة المسرحية تتحقق بالاعتماد على الإشارية اللفظية في علاقتها بالمستويات المرنة للبناء؛ لكن حينما أضحى البصر Regard هو ما يؤمن التواصل الفني بين الجمهور والأوبرا؛ تحرر الفن من الطقوسية والصنمية بشكل نهائي.

الفصل الثاني:

تحت أنوار العلم وأضواء الكشافات

تؤسس الثورة الصناعية للقرن التاسع عشر، وخاصة مع اكتشاف المصباح، لنظم جديدة في العلاقة بين التشكيلي ومصمم الخشبات الحية؛ حيث سيسهم هذا الارتباط في بلورة تصميمات مبتكرة لمساحة الأداء جاءت أكثر واقعية وفاعلية؛ خصوصاً في قدرتها على حل معضلة العرض المسرحي الكبرى، ألا وهي: التعامل مع الزمان والمكان؛ أي كيفية تحقيق سرعة الانتقال بين الفصول والمشاهد بشكل سريع، ومن دون مشاكل تقنية قد تؤثر في واقعية الاستجابة. لقد تحقق ذلك بفضل استغلال الفنانين والمصممين لتقنيات علم الميكانيكا، وأيضاً بالاستفادة من اختراع الكشافات الضوئية التي سهلت عملية التحكم في نسبة الضوء والظل، وتحولهما بتحول الحركة ومصدر الإضاءة.

لكن اكتشاف المصباح الكهربائي لم يكن يعني بداية استخدام تقنيات التظليل في التصميمات المسرحية؛ فهذا سابق على ظهور الكشافات؛ إذ استخدم مصممو الخشبات طيلة عصر النهضة (من

القرن الرابع عشر وحتى القرن السابع عشر) الأضواء الطبيعية في الخشبات المكشوفة؛ وحتى الصناعية من مصابيح زيتية وقناديل وشموع داخل القاعات المغلقة بغية تصعيد أو تخفيف التأثير الدرامي، وأيضاً لتوجيه انتباه الجمهور لحدث بعينه، ولكن مع ذلك، لم يرقَ مثل هذا الاستخدام إلى مرتبة العلامة الضوئية.

ـ هـل من تحقـق لعبقرية فناني النهضة التي منحـت لأعمالهم الخلود بمعـزل عن إدراكهم، وربما لأول مرة في تاريخ الفن لقيمة التظليل في الرسم الزيتي؟..

كانت رسومات ما قبل عصر النهضة تفتقد طريقة عمل الضوء والظل: بمعنى إيلاء المناطق المظلمة نفس الاهتمام الذي تحظى به المناطق المضيئة. التدرج في الظل هو تدرج في اللون؛ وكان عصر النهضة هو بداية استخدام الضوء كعنصر فعال في خلق حالة درامية على سطح اللوحة. لقد راعى هؤلاء الفنانون العظام أثناء إنجازهم لرسوماتهم تحديد مصادر الضوء وانعكاسها على الجسم موضوع اللوحة، بل وتحديد المسافة بينهما بدقة؛ ما أغنى التكوين البصري لهذه اللوحات الخالدة؛ بحيث صار الضوء والظل علامات قابلة للإدراك، ودالة على معنى يضطلع بوظيفة الاستبدال. بذلك فقد حل التظليل في لوحات عصر النهضة محل المفهوم، وتكامل مع المنظور لإعطاء تجسيم طبيعي للأشكال؛ وهذا بالضبط ما أضحى حاضراً في وعي الفنانين الذين صمموا ديكورات العروض المسرحية والأوبرالية في عز هيمنة الرومانسية ثم الواقعية؛ وأيضاً مع الرسامين الكبار الذين رسموا خلفيات المشاهد بدقة متناهية ومتناغمة مع مصادر

الضوء داخل القاعات؛ وفي هذا أيضاً مدخل لفهم انتكاسة المسرح العربي الذي للأسف لم يجد دوماً مصممي مناظر/ فنانين، دارسين ومطبقين لتقنيات التظليل في الرسم الزيتي؛ على غرار ما حصل مع المسرح الأوروبي من تضافر وتناسج بين تصور التشكيليين وتقنيات مصممي الديكورات المسرحية؛ فمنذ «القرن الثامن عشر أصبح اقتناص التغير في حالة الضوء والحالة الشعورية التي تموج بها من العناصر التي استثارت فناني العصر الرومانتيكي، وظهر هذا في فناني المنظر الطبيعي الإنجليز العظام مثل كونستابل وتيرنر الذي كانت لوحاته الأثيرية من الروافد الملهمة لأكبر حركة فنية في تاريخ الفن في القرن التاسع عشر وهي الحركة التأثيرية»[22].

الاستفادة من طبيعة اشتغال الفنانين التشكيليين على السطح، والذي يتجلى بهاؤه في مهارة استخدام تقنيات التظليل، عبر التدرج من القتامة نحو الفاتح بما يعطي الإيهام بتجسيم الأشكال؛ كان بمثابة إلهام لا نظير له لمصممي الديكورات الذين طوروا هذه التقنية على مستوى المساحة، حيث استخلصوا أهمية إسقاط الضوء من مصدر خارجي على الكتل لخلق الجو الدراماتيكي المطلوب والإيحاء بواقعية المشاهد؛ كان هدف الأول (التشكيلي) خلق حالة درامية على مستوى سطح اللوحة، فيما سعى الثاني (مصمم الديكور) إلى تطوير نفس الحالة على مستوى الفراغ المادي بأبعاده الواقعية.

تحدث الكثيرون عندنا عن أثر الثورة الصناعية في الفن والمسرح خصيصاً؛ وكيف لعبت الاختراعات العلمية دوراً مهماً في تطوير البنايات المسرحية، التي صارت معززة بإمكانيات تقنية غير مسبوقة،

سمحت للمخرجين بعرض أعمالهم ضمن مناظر ضخمة، تخلق الإحساس بالفخامة والهيبة والواقعية؛ ولكنهم كثيراً ما أغفلوا ما يوجد تحت السطح، ونقصد أثر كل ذلك ليس في المكان المسرحي فقط، وإنما أيضاً في الصراع بين الخط/ اللون والكتلة/ المادة؛ إذ كان من نتاج الانسياق وراء فكرة الدراما الطبيعية التي يمكن اعتبارها انعكاساً للمدرسة الواقعية في التشكيل، أن قام مهندس الديكور بسحق الرسام وتقزيم دوره في صناعة الخشبات الحية إلى أبعد الحدود، مستعيناً في ذلك بالتقدم الميكانيكي الذي منح المصممين قدرة غير مسبوقة على تغيير المناظر بين الفصول في مدة وجيزة، بفضل الرافعات والستائر والكشافات الضوئية؛ فكان أن استعاض المخرجون عن الخلفيات المرسومة معوضين إياها بقطع حية من الديكور ثلاثية الأبعاد.

هذا كان هو الاكتشاف الذي رسخه المسرح الحر [23] Le Théâtre Libre بإدارة أندري أنطوان [24] André Antoine رائد المسرح الطبيعي الذي استلهم تصميماته البصرية من المدرسة الواقعية في الفن، ومن لوحات غوستاف كوربيه [25] Gustave Courbet على وجه الخصوص؛ مطبقاً إياها على أعمال زولا [26] Zola وإبسن [27] Ibsen الواقعية، والتي صارت بمثابة حقل لتجريب تصوراته حول تصميم فضاءات مسرحية تولد الوهم لدى الجمهور من شدة تطابقها مع الواقع؛ وكأنه كان في كل مشهد بصدد رسم لوحة من لوحات المدرسة الواقعية فوق الخشبة. (انظر الصورتين 5 و6).

بدورها أسهمت الإضاءة في إبراز تقنيات التظليل في معظم تصميمات هذا المخرج، كما هي في الرسم الزيتي لتلك المرحلة

المعروفة بالواقعية؛ حيث نزع نحو إلغاء الأضواء الأمامية التي كان هدفها إضاءة الأحداث، واستعاض عنها بكشافات تعكس ظلال الضوء الطبيعي، بغية خلق نفس ظروف الأمكنة كما تبدو في الواقع.

ثمة إذن كلمة تقف حاجزاً بين التشكيلي ومصمم المناظر المسرحية، خصوصاً بعد النصف الثاني من القرن التاسع عشر، ألا وهي كلمة: (العلم) التي ستضفي على هذه العلاقة طابع الواقعية، الوظيفية والمنفعة، عوض الأجرومية التقليدية: الإحالة الذهنية، الإشارية والرمز؛ وهو ما انتهى إلى تشكيل تمثيل فني مغاير تجسد في الشكل الحديث للمسرح؛ وهو شكل التمثيل الذي استوردناه في العالم العربي من أوروبا في بدايات القرن العشرين، وظللنا نعتقد واهمين بأنه الشكل الأول والأخير للفن (تشكيل ومسرح).

لقد زُرِع فينا اعتقاد واهم بأن الفن ثابت لا يتغير.. يحيا ولا يموت أبداً، ولو مع مرور الزمن وتغيره؛ والحقيقة أن المسرح بشكله الواقعي الذي لا يزال يصر على تحنيطه بيننا إلى اليوم بعض من ضحايا هذا الاعتقاد الواهم، لم يكن سوى نتاج لتناسج وثيق الصلة بين المدرسة الطبيعية في التشكيل ومنجزات الثورة الصناعية (الهندسة الداخلية)؛ ومن ثم، فقد تحرر الفنان التشكيلي في علاقته بتصميم المناظر من جبة المهندس المعماري التي ظل فيها طيلة عصر النهضة، ليصير هذه المرة تحت سلطة مهندس الديكور وعجرفته، التي جعلته ينصب نفسه سيداً من سادات الخشبة الحية إلى جوار المخرج.. كيف لا وهو الذي صار مع فكرة الديكور المجسم عوض الخلفيات المرسومة صانع الصور الجديد.

لكل عصر من عصور التمثيل (إنتاج الصور) أشكاله وأنماطه الفنية؛ وبالتأكيد ليس كاتب الأشعار الذي لا يزال يحتل مركز الصدارة في صناعة العرض المسرحي العربي منتجاً بأي حال من الأحوال للصور الخاصة بهذا العصر. خلاصة سابقة لأوانها: ما لم يدركه بعد صناع المسرح العربي هو أن التمثيل المعاصر ليس سوى تعميد باسم الصور المرئية في زمن تأفل فيه كل اللامرئيات.

إن الفن المسمى واقعياً بدعوى مطابقته لما نعتقده الواقع، قد يكون مبهراً، ولكن لأمد محدود جداً، قد يعضد الإحساس بالصدق، ولكن أي جدوى في السعي وراء الصدق عند تمثيل عالم حبيس الحاجة وعبد للرغبة. لقد استمرت هيمنة مهندس الديكور على صناعة الخشبات لفترة غير طويلة؛ لم تتجاوز أربعة عقود، ويا للمفارقة.. يحكم عليها المؤرخون اليوم بأنها كانت من أفقر عصور التمثيل في تاريخ الفن على الإطلاق؛ لافتقارها إلى الخيال والروح الحرة للتراجيديا. انتهى المسرح الحر بعد نجاحات مؤقتة إلى الإفلاس، وأغلق أبوابه بعد أن تفاقمت الديون عليه، كان ذلك في نفس اللحظة التي بدأ فيها المنظر الطبيعي في الرسم الزيتي يتهاوى أمام ضربات المدرسة الانطباعية الجديدة التي نجحت في فك انغلاق البصري؛ وهذا ما يسمى بميلاد الفن الحديث، أو ما بعد المنظر الطبيعي، الذي لم يتمكن من الصمود في اللوحة، ومن ثم على خشبة المسرح أيضاً.. يدعي البعض أن ذلك بفعل اختراع الفوتوغرافيا؟.. ربما، ولكن، الفوتوغرافيا نفسها وفق ريجيس دوبري ستظل تابعة للوحة التشكيلية لأكثر من قرن كامل، قبل أن تصير هذه الأخيرة تابعة لها[28].

إرادة صناعة المنظر المسرحي لم تتراجع بسقوط اللوحة الواقعية؛ لنقل بأنها تعمقت أكثر، في ظل تمثيل أضحى أكثر التصاقاً بالروحي منه بالواقعي، ربما بفعل انحباس الإنسان الأوروبي لأول مرة في تاريخ البشرية داخل مدن حديثة العهد بالتصنيع، وأيضاً انسحاقه أمام سرعة غير مسبوقة للقطارات والعربات البخارية؛ وهنا كان لا بد وأن يعتلي الخشبة الفنان الحديث الذي سيخلص التمثيل الفني الأوروبي المتمركز على ذاته من موته المعلن، ومن احتضاره الذي بات وشيكاً بفعل اختراع السينما، التي دفعت التشكيل، ثم المسرح لإعادة تعريف نفسيهما والتعرف إلى ذاتيهما من جديد.

الفصل الثالث:

عبقرية الفن الحديث

كان الفن الحديث الذي عرف شرارته الأولى مع الانطباعية الجديدة هو ما غير من طبيعة العناصر الجوهرية في مجال البصر؛ كيف؟.. ظل التمثيل طيلة ثلاثة آلاف سنة مشابهاً لذاته، يحيلنا على نفس المظهر لكن من الدرجة الثانية[29]؛ أي على النسخة (المضاعف Le double) التي كانت رهينة المظهر الأول وأمينة له (الأصل L'origine)، ثم جاءت أول لوحة تجريدية[30] في تاريخ الفن الحديث، لتنتقل التمثيل الفني من تعادل أمين إلى تقابل مختلف، ليس بالضرورة وفياً للأصل؛ والمحصلة أن الفن الذي ظل يسعى دوماً لأن يمنح للتمثيل معنى، سيعمد مع مدارس الفن الحديث من سريالية وتعبيرية وتجريدية ودادائية.. إلى الانزياح عن ذلك؛ أو على الأقل، سيمتنع عن منح أي معنى جاهز، سهل ومكشوف.

هذا مهم جداً لكي نفهم أسباب انبثاق المسرح الطليعي في نهايات القرن التاسع عشر مع رسام ومخرج كبير رفض الواقعية وهو ألفريد جاري[31] Alfred Jarry؛ قبل أن يترسخ نظرياً مع فنان آخر من بعده، مؤسس هو الآخر، ولا يمكن القفز عليه في تاريخ التمثيل؛ ألا وهو

أنطونين آرطو Antonine Artaud [32] الذي طُرد من الجماعة السريالية قبل أن يؤلف كتابه الأسطورة: (المسرح ومضاعفه) [33]. احتمى آرطو بالمساحات الفارغة للمسرح التي وجد فيها مـلاذاً يقدم من خلاله تصميمات بصرية وحركية، لم يكن بمقدور سطح اللوحة، وجمود المنحوتة، أن يسعفه على تحقيقها. كان متميزاً عن السرياليين؛ لأنه رفض الفكر الماركسي الذي وقع فيه هؤلاء، ومنهم بيكاسو Picasso نفسه في أوائل حياته الفنية، وهذا ما سهل عليه التخلص من معضلة التوازن بين النص والعرض التي استهلكت تفكير الفنانين آنذاك؛ منتصراً دون مواربة للمرئي، ولفكرة أن المسرح فن بصري بالأساس؛ تماماً كاللوحة والمنحوتة وفن الرقص، وهذا ما أسماه بالإبداع الجديد في المسرح، والذي أقر باستلهام عناصره من ألفريد جاري.

في الحقيقة، كان ذلك تحولاً كبيراً في صناعة الخشبات الحديثة Les scènes modernes؛ من حيث إن الكفة ستميل ولأول مرة للفنانين التشكيليين والنحاتين، وليس للمؤلفين والمخرجين الذين استأثروا بها لوقت طويل؛ مثلما ستعضد من كفة المرئي الذي يستمد وجوده من ذاته، وليس من ارتهانه للمحتوى الفكري للنص. تلك كانت ميزة الفنان الحديث: أنه عرف نفسه عملياً باعتباره فنان المساحات بامتياز؛ القادر على التحرر من أسر السطح نحو الابتكار الحر في الفضاء العاري، وبالتوسل بمواد وأدوات بديلة. المصلح إدوارد كوردن كريج Eduard Gorden Graig [34] الذي استفاد من وضعيته كنحات بارز على الخشب وكرسام وصانع دمى، إضافة إلى كونه ممثلاً ومخرجاً بارزاً، طرح بدوره إصلاحاً حقيقياً للمسرح الأوروبي

الحديث عبر تخليصه من الواقعية الفجة. عنون إحدى فقرات كتابه الخالد (في الفن المسرحي) بعنوان ذي دلالة كبيرة: «المذهب الطبيعي ليس من الفن في شيء»؛ في نقد لاذع لاتجاه المسرح الحر الطبيعي، مستهلاً إياه بقوله: «إن هذا الميل نحو المذهب الطبيعي لا شأن له بالفن. وهو ميل يغثي النفس أينما لمحنا آثاره في الفنون، بقدر ما يغثيها المذهب الصناعي إذا لقيناه في كل الحياة اليومية. يجب أن نفهم بأن الشيئين منفصلان، وأن واجبنا هو أن ندع كلاً منهما في مكانه، ونحن لا نستطيع أن نخلص أنفسنا في غمضة عين من هذا الميل إلى محاكاة الطبيعة بعمل المناظر الطبيعية، والتكلم بالصوت الطبيعي، إلا أن في مقدورنا أن نحارب ذلك، وأن نحاربه على خير الوجوه بدراسة الفنون الأخرى» [35].

انبنى الفن الحديث على قيمة الحرية باعتبارها المقصد والغاية، ولم يكن عمل الفنان سوى ذلك التحرر من قبضة اللاهوت الذي بصم مجتمعاً أوروبياً ضربته للتوّ الموجة الثانية من الحضارة: التصنيع. بذلك، ليس الفن الحديث خاصية كل المجتمعات؛ بقدر ما هو مبسم مجتمعات الثورة الصناعية؛ حيث يتبوأ صانع الصور مكانته من قدرته على صنع البدائل، وليس من الانحدار من العالم الكنسي، كما كان الأمر عليه في السابق. ولأن الحرية تستتبعها بالضرورة الفردانية باعتبارها التوقيع والبصمة، فإن هذا هو ما سيمنح مصمم المناظر ولأول مرة دوراً غير مسبوق في ابتكار فضاء يجسد رؤيته الخاصة للعالم. مهلاً، نتحدث حتى هذه اللحظة (النصف الأول من القرن العشرين) عن مهنة مصمم مناظر، وليس عن سينوغراف، فهذا

سيأتي لاحقاً مع فورة الفن المعاصر، ولكن الجديد مع الفن الحديث أن مصمم المناظر المسرحية الذي طالما عاش في جبة المعماري خلال عصر النهضة؛ ثم في عباءة الديكوريست في عصر التنوير، سيصير في ذروة مجتمعات التصنيع، وبفضل التحرر من النزعة الطبيعية فناناً تشكيلياً Artiste plasticien بامتياز، قادراً بتعبير كوكتو Cocteau على عزف موسيقاه الخاصة على الخشبات الحية، بل إن الانفتاح المسرحي على مدارس الفن الحديث سيكون هو البذرة الأولى لنمو وترعرع شجرة السينوغرافيا فيما بعد، التي لم يكن بإمكانها أن تزهر باعتبارها ذلك التصميم البصري لعناصر العرض الحي؛ لولا عبقرية الفن الحديث، ولولا إسهام فنانيه في صناعة الخشبات الطليعية، بحيث عملوا على توسيع مهام مصمم الديكور لتشمل رسم المناظر والملابس والدمى، في علاقتها بدرجات الضوء والظل وتدرجهما؛ حتى صارت الخشبات لوحات تجسد منظور فنانيها للتمثيل الحديث؛ وبيكاسو الفنان العبقري كان أهم هؤلاء.

منذ سنة 1917م، سيسهم بيكاسو الذي يشتهر بيننا اليوم كفنان تشكيلي في خلق ثورة حقيقية في مجال المناظر المسرحية، تلك الحقيقة كثيراً ما غابت عن مؤرخينا[36]. بدأ ذلك حينما سينجز بتكليف من صديقه الشاعر والمخرج جان كوكتو تصميمات لستائر وملابس وخلفيات عرض الباليه (باراد Parade)، الذي جاء بمثابة لوحة تكعيبية حية؛ مدادها أجساد الراقصين في أزياء صممها بيكاسو بنفسه، وخلفيتها ستائر كبيرة تفنن في رسمها بأسلوبه الخاص. (انظر الصورة 7).

فشل كوكتو فشلاً ذريعاً بعد تقديم الباليه؛ ولكن أحرز بيكاسو نجاحاً سيخطف الأضواء من المؤلف والمخرج، في سابقة من نوعها في تاريخ المسرح؛ حتى إن عمله المبكر اعتبره النقاد بمثابة ثورة حقيقية في صناعة الفضاء الدرامي.

تُبرز التكعيبية التزيينية لخلفية باليه باراد، وكذلك تصميمات ملابس الراقصين، وحتى المجسم الذي وضعه بيكاسو للعرض[37] أثر هذا الاشتغال المبكر في المسرح في التحولات التي حصلت في مسار هذا الفنان، وجعلته يتميز عن رفاقه الذين شاركوا معه في تأسيس المدرسة التكعيبية في الرسم، بل إنه يسعف في القبض على واحد من أهم أسباب عبقرية بيكاسو، ونقصد تحرير اللوحة الحديثة من السطح والإطار، عبر تحويل التكعيبية إلى أسلوب استعراضي – احتفالي؛ سينعكس لاحقاً على موضوع لوحاته وبورتريهاته. أضحى بيكاسو بفعل اشتغاله في تصميم المناظر المسرحية يتعمد رسم موديلاته بعد أن يخفي ملامحها الأصلية وراء ماكياج فاقع وملابس مزركشة، وكأنها خارجة من قلب عروض الباليه والاستعراضات الكوميدية، ما يمنح للفن التشكيلي طابعاً احتفالياً صرفاً يشبع المتعة الفطرية للفرجة، وهو ما ظلت اللوحة الفتية تفتقده لوقت طويل.

لكن وبالمقابل، استفاد الفن الحديث بدوره من اشتغال فنانيه في تصميم المناظر، وخاصة اكتسابهم القدرة على الارتجال التي طورت كثيراً أساليب التعبيرية التجريدية. إن إسقاط المسافة بين التشكيل والمسرح هو أهم علامة دالة على هذا التناسج الذي فرض على الفن الحديث ديمقراطية الترحال بين اللوحة والمساحات؛ لهذا سنجد بأن

بيكاسو قد وظف في تصميمه للفضاء الدرامي لباليه (باراد) نفس تقنيات لوحاته الفنية وسماتها، ولكن بشكل موسع، ونقصد: التأطير، التدرج اللوني والتوازي، محولاً سديم الخشبة إلى لوحة تكعيبية أكثر تعبيراً لحيويتها. (انظر الصورتين 8 و9).

بذلك صار المسرح بفضل ثورة الفن الحديث أقرب إلى الإدراك البصري منه إلى الأدبي؛ وهذا قد يفسر سبب فشل عرض (باراد) وقتها؛ لأنه وبفعل انتصاره للمرئي سيعتبر من لدن جمهور ذلك العصر مدنساً لفن المسرح العظيم، الذي سقط سقوطاً شنيعاً من عليائه الشعري/ الأدبي؛ ما جعله عرضة لهجوم ضارٍ. غير أن العرض عندما أعيد تقديمه سنة 2007م بنفس تصميمات الرقص ونفس إخراج المناظر وتصميمها؛ سيكشف كيف أنه كان سابقاً لعصره؛ إذ جاء وبفضل إسهام بيكاسو مصحوباً بمهارة اليد التشكيلية التي كانت تفتقدها تصميمات عروض المسرح الرومانسي والواقعي المهيمنين خلال القرن التاسع عشر؛ فشكل بذلك اللحظة الفارقة في تاريخ المسرح الحديث التي احتفلت فيها العين؛ في ضرب لصرح الواقعية التي أعلت من شأن الديكور الواقعي على الخشبة بهدف الإقناع.

لم يكن الفن الحديث يسعى للتصريح أو الإقناع، وبفضل إسهام فنانيه في حركية المسرح الطليعي خلال النصف الأول من القرن الماضي، سيتمكن المسرح من الحياة في عصر ما بعد المنظر الطبيعي؛ تماماً كما تمكنت اللوحة التشكيلية من تحقيق ذلك بعدما هزت الفوتوغرافيا عرش البورتريه Portrait؛ وخلصت البطاقة البريدية Carte postal اللوحة من المنظر الطبيعي Payasage. التشكيليون كان لهم السبق

قبل الكتّاب والمخرجين في إنقاذ المسرح الحديث من الكوارث التي حلت به، وتخليصه من الخيبات التي أصابته منذ نهاية القرن التاسع عشر، بسبب ثقل المحاكاة الفجة والتمركز على الذات. لن نستغرب إذن من انتصار المسرح الطليعي، بدءاً من بدايات القرن الماضي للفراغ، فهذا ما كان يفرضه عصر البصر على التمثيل: الاقتصاد إلى الحد الأدنى؛ وذلك هو المرئي الذي يتناسب وعصر السينما ثم التلفزيون الذي لم تعد فيه حقول القمح والزرع موضوعاً للفن.

لو قيمنا مسرحية القرن العشرين بلا منازع (في انتظار غودو) En attendant godot [38] لحظة عرضها بمعايير عصر الطباعة والتقاليد الموروثة عنه، لكنا حكمنا عليها بالفشل الذريع؛ وهو ما حدث وقتها بالفعل، عندما صدم عرضها الأول في بداية الخمسينيات جمهوره بفضاءه الفارغ وتجرده المطلق من الحدث؛ وظلت لسنوات تقدم أمام كراسي فارغة، قبل أن تتربع على عرش التمثيل الحديث والمعاصر. مخرج العرض روجيه بلان Roger Blin سيتوارى وراء اسمين صنعا الحدث: صمويل بيكيت Samuel Beckett المؤلف المغمور وقتها، والذي ألّف النص بروح دادائية، والنحات الشهير جياكوميتي Giacometti الذي صمم الشجرة: العنصر المادي الوحيد على الخشبة، مستعملاً البرونز نفسه الذي شكل مادة لكل منحوتاته الفنية؛ ومقتصداً في تشكيل هذه الشجرة اليتيمة [39] إلى أبعد الحدود كما هو حال منحوتاته؛ وشكل ذلك حالة نادرة في المسرح الذي يعتبر فن المخرج بامتياز.

بدأت فكرة الديكور الخاص بهذه المسرحية التي تدور في منظر وحيد: خلاء وشجرة جرداء عند منعطف، بعمل فني أنجزه جياكوميتي

على الورق؛ عنونه: (رجل وشجرة)، استوحاه من مشاهدته للعرض الأول للمسرحية الذي قدم بمسرح هامشي صغير وأمام بضعة متفرجين لا غير. (انظر الصورة 10).

منذ بداية العرض سيجد جياكوميتي نفسه في قلب عالمه الفني الموسوم بالعجز والتفكك والهشاشة، لكن هذه المرة كان كل شيء على خشبة المسرح يتسم بالحياة وتدب فيه الحركة، وكأن صمويل بيكيت قد صار الملاك الذي بث الروح في منحوتاته الهزيلة والساكنة وصنع لها عالمها الحي الذي عجز النحات عن ابتكاره. وفي حقيقة الأمر فما ميز بيكيت دوماً عن غيره من كتّاب الدراما أنه لم يكن يؤلف أحداثاً ولا مواقف درامية، بقدر ما تجسد كتاباته اشتغالاً بصرياً على الفضاء والزمن؛ يؤكد ذلك يان فوس Jon Fosse أحد أشهر كتّاب المسرح اليوم بقوله: «بعد مضي سنوات عدة، بدأت أكتشف بأن بيكيت Beckett فنان تشكيلي في المسرح، أكثر من كونه كاتباً صرفاً، كما هو الأمر بالنسبة لتشيكوف Tchekhov مثلاً»[40].

منذ تلك اللحظة، أصر جياكوميتي الفنان الشهير جداً وقتها، وصاحب أغلى الأعمال الفنية لحد الساعة، على تصميم فضاء هذا العرض بنفسه، وإن كان لمؤلف لا يزال مغموراً جداً؛ بحيث طوّر رسمه (رجل وشجرة) إلى ماكيت يتضمن خلفية Backround ومؤثرات لونية تنزع نحو القتامة، التي تتلاءم وجوّ المسرحية السوداوي، مع خلقه لمستويات عمودية، عبر تصور تلة أقصى اليسار تقع في تقابل مع علو الشجرة. العلو كان مقصوداً حتى تبدو الشخصيات منسحقة أمام قدرها الذي لا مفر منه. (انظر الصورة 11).

عند التطبيق العملي على المساحة الركحية، اختار الفنان وعلى عكس تصميماته المرسومة حذف التلة، ربما بعد حوار مع المؤلف الذي كان معروفاً بكونه يصر على تطبيق تصوراته النصية كما هي على الخشبة دون تغيير أو زيادة أو نقصان، كما عمد جياكوميتي إلى نحت شجرة معدنية بأسلوبه الغروتيتسكي، خالية من الحياة، وجعلها بيضاء، وسط فراغ رمادي يلتهم كل شيء، أما الشخصيات فصارت كتماثيله الحائرة؛ إشارات تجسد مأساة وجودنا الإنساني. (انظر الصورة 12)(41).

انفلت المسرح منذ ظهوره كفن مستقل في القرن السادس عشر من زمن الصور؛ وجاء لقاء جياكوميتي وبيكيت الذي هو ذروة اتحاد الفنان الحديث ومصمم المناظر، ليعيد تصريف هذا الفن إلى زمن السرئي؛ فكان ذلك بمثابة تحول جوهري في مفهوم التمثيل؛ من الانصياع التام للنموذج والقوالب الجاهزة، نحو نظام فني خالص أكثر تجريدية ورمزية. كان إنجاز جياكوميتي في النحت بمثابة نموذج تمثيلي مبتكر تغيب عنه القولبة والثقل والامتلاء، لصالح الرمز والخفة والاكتفاء بالحد الأدنى؛ وعندما عكس ذلك في اشتغاله على الفراغ المادي للمسرح، صار ما وراء التمثيل هو موضوع الفن وهالته في نفس الوقت، كما ارتقت المناظر المسرحية مع الفنان الحديث إلى قلب نظام بصري تغدو الصورة فيه هي المرجع.

لقاء هذين الفنانين أسهم في قلب كل المعادلات، رغم أنه ظل طي الكتمان ولم يعلن أي منهما تأثره بالآخر، أو تخطيطه للتعاون المشترك الذي جاء مصادفة كما كانت علاقتهما الشخصية؛ حيث

يؤكد دانييل هوجو [42] أن هذين الفنانين ورغم استقرارهما بنفس الحي مونبارناس، وارتيادهما لنفس المقاهي، فإنهما مع ذلك كانا يلتقيان بالمصادفة، ولم يخططا أبداً لأي لقاء مسبق بينهما.. تركا كل شيء في الحياة كما في الفن للمصادفة. يصرح القيم الفني لمعرض جياكوميتي – بيكيت مؤكداً ذلك بقوله: «في اعتقادي الخاص شق كل من بيكيت وجياكوميتي نفس الخط بشكل مشترك؛ مبدعين أعمالاً وجدت صداها المشترك لدى كل منهما؛ لكن من دون أن يعلنا صراحة عن هذا التبادل العميق بينهما» [43]؛ وهذا نفسه الجوهر الذي يلخص علاقة الفن الحديث بصناعة الخشبات الحية طيلة النصف الأول من القرن المنصرم.

هوامش الباب الأول:

1 – يمتد العصر الأول من اختراع الكتابة وحتى ظهور المطبعة؛ فيما يمتد الثاني من ظهور الطباعة وحتى اختراع التلفزيون؛ راجع بهذا الصدد:

ريجيس دوبري حياة وموت الصورة، ترجمة: فريد الزاهي. أفريقيا للنشـر، الدار البيضاء، 2002م، ابتداء من الصفحة 165.

2 – 1564 م

3 – 1606م

4 – 1622م

5 – 1639م

6 – 1671م

7 – مارفن كالسون: أماكن العرض المسرحي – سيميوطيقا العمارة المسرحية، ترجمـة: إيمان حجازي، منشـورات وزارة الثقافة المصريـة، المهرجان الدولي للمسرح التجريبي، القاهرة، 2002م، ص 27.

8 – كمال عيد: سينوغرافيا المسرح عبر العصور، الدار الثقافية للنشر، القاهرة، 1997م، ص 29.

9 – نفسه، ص 31.

10 – أرسطو: فن الشعر، ترجمة: الدكتور إبراهيم حمادة، مكتبة الأنجلو المصرية، القاهرة، 1983م، ص 99.

11 – مارفن كالسون: نفسه، ص 67.

12 – قديس شرقي من إمبراطورية بيزنطة، ولد سنة 758م وتوفي سنة 828م. دفن بكنيسة الرسل المقدسة في تركيا.

13 – ريجيـس دوبـري: حياة ومـوت الصورة، ترجمـة: فريد الزاهـي، أفريقيا الشرق، الدار البيضاء، 2002م، نفسه، ص 58.

14 – هناك من يقترح ترجمتها بالعلمنة.

15 – كان المهنـدس المعمـاري والرسـام الإيطالـي فيليبو برونيليشـي Filippo Brunelleschi (1377م – 1446م)، هـو صاحـب أول صـورة اسـتخدمت تقنيات المنظور وذلك في عام 1415م؛ حيث صور المعمودية في فلورنسـا عبر إسـقاط وهم العمق على مسـتوى ثنائي الأبعاد، باسـتخدام «نقاط التلاشـي» التي تتقارب فيها جميع الخطوط على مستوى العين في الأفق. راجع في هذا الصدد:

عبير محمد (من الفنان الذي اكتشف فن المنظور)، المرسال، عدد 2019/4/16م:

https://www.almrsal.com/post/815301

16 – كمال عيد: نفسه، ص 48.

17 – يعود إنشـاؤه إلى عـام 1576م؛ حيث تعود ملكيته لعائلـة Burbage، قبل أن ينضم وليام شكسـبير كعضو مساهم في شركتهم التي أدارت هذا المسرح بنجاح، قبل أن يتوقف ويهدم سـنة 1613م بعد نزاعات طويلة حول ملكيته. أعيد بناؤه من جديد، وظل يشتغل إلى أن تم هدمه نهائياً سنة 1644م. واعتباراً لرمزيته التاريخية أعـادت الحكومـة البريطانية بناءه اليوم بنفس طـرازه القديم؛ حيث يعتبر من أهم المزارات السياحية في لندن.

18 – فريدريك نيتشـه: مولد التراجيديا. ترجمة: شـاهر حسـن عبيد، دار الحوار للنشر والتوزيع، سوريا، اللاذقية، 2008م، ص 79.

19 – نفسه، ص 79 – 80.

20 – كمال عيد: نفسه، ص 72.

21 – أوبرا (دون جيوفاني) الشـهيرة لموتسارت؛ ألفها سنة 1787م، ونالت شهرة عالميـة، حيث تعد من روائع التراث الإنسـاني، وهي مسـتوحاة مـن قصة نبيل إيطالي ذاع صيته كزير نساء.

22 – سـمير فؤاد: الضوء في الفن التشـكيلي، جريدة الشروق المصرية، عدد 30 نوفمبر 2019م. راجع الموضوع على الرابط:

https://www.shorouknews.com/news/view.
aspx?cdate=30112019&id=4ad10cd1-30ba-441a-9183-57a0fa04cfe3

23 – تأسس هذا المسرح بباريس على يد أندري أنطوان سنة 1887م، واضعاً نصب عينيه خلق إيهام كامل بالحقيقة، عبر تصوير المشاهد بشكل فوتوغرافي صرف. تخصص في تقديم أعمال زولا وكتاب آخرين غير فرنسيين مثل إبسن وستندبرغ في سابقة من نوعها بفرنسا.

24 – مخرج فرنسي شهير جداً، ولد سنة 1858م، تأثر بالفلسفة الطبيعية وأدب زولا الذي اهتم بتصوير الواقع بدقة حرفية ودون تدخل من المؤلف. يعد واحداً من المصلحين الذين طوروا الإخراج المسرحي وصناعة الديكورات التي جاءت لديه مطابقة للواقع؛ بحيث حول الخشبة إلى حجرة دون جدار رابع يفصل بينها وبين الجمهور، وهو ما سماه بهدم الجدار الرابع.

25 – من أعمدة المدرسة الواقعية في الرسم التي جاءت كرد فعل ضد الرومانسية. ولد سنة 1818م. قوبلت لوحته هوماك 1848م بالرفض بسبب أسلوبها الخالي من العاطفة، ولكنها تعد اليوم منعطفاً في تاريخ التشكيل العالمي، كما تعتبر لوحته الخالدة بعد العشاء في أورنان 1849م ثورة حقيقية في الفن؛ باعتراف غريمه أوجين دولاكروا رائد المدرسة الرومانسية.

26 – ولد بباريس سنة 1840م، وهو رائد المذهب الواقعي بلا منازع. ذاعت شهرته في كل أرجاء العالم، وترجمت قصصه إلى كل اللغات الحية.

27 – أشهر كتاب الدراما بالنرويج، ولد بها سنة 1820م، حيث عمل مديراً لبعض مسارحها، قبل أن يتفرغ للكتابة الدرامية، وسرعان ما ذاعت شهرته وعبرت الآفاق حتى لقب بـ: شكسبير العصر الحديث. اشتهر بمذهبه الواقعي وبمعارضته للظلم الاجتماعي.

28 – انظر ريجيس دوبري: نفسه، ص 217.

29 – ريجيس دوبري: نفسه، ص 197.

30 – لوحة (أكوريلا) لكاندينسكي 1910م، حبر صيني وألوان مائية على ورق؛ قياس: 46.60 سم X 64.80 سم.

31 – من مواليد 1873م، شاعر ومخرج ورسام اشتهر بتصوراته الثورية في المسرح الذي حوله من الواقعية إلى الرمزية الشديدة، حتى إنه يعتبر ملهماً للطليعة الفنية من سريالية ودادائية. تعتبر مسرحيته أوبو ملكاً انقلاباً عارماً في تصميم المناظر المسرحية.

32 – من مواليد 1896م، شاعر ومنظر، فنان سريالي ومخرج فرنسي رفض

الواقعيـة وثـار عليها، وتمكن من صياغة نظرية متماسكة لفن طليعي عبر كتابه الخالـد Le Théâtre et son double الـذي يعتبـر دستور الطليعـة والتجريب بلا منازع.

33 – Le Théâtre et son double، صـدر بباريـس لأول مـرة عـن منشـورات غاليمار، سنة 1938م.

34 – من مواليد سـنة 1872م، ينتمي إلى أسـرة مسـرحية كبيرة. احترف التمثيل والإخـراج وتصميم المناظـر والملابس والدمى؛ وتخصص في أعمال شكسـبير التي قدمها بروح طليعية. برع أيضاً في النحت على الخشـب، وهو ما أهله لنسف الواقعية في المسـرح عبر ربطه بمـدارس الفن الحديث. عرف عنه أنه من أوائل من رسـموا مناظر أعمالهـم على الورق قبل إنجازها على الخشـبة، مراعياً فيها الاقتصاد والتجريد رغم الفخامة والضخامة التي كانت تبدو عليها.

35 – إدوارد جردون كريـج: في الفن المسـرحي، ترجمة: دريني خشـبة، الدار المصرية اللبنانية، القاهرة، 1999م، ص 70.

36 – صدرت بأوروبا العديد من المونوغرافيات والكتب النقدية التي تناولت إسهام بيكاسـو الكبير في تطوير المسـرح الحديث؛ ولم يسـبق لحد الساعة ترجمتها إلى اللغـة العربيـة، ومن أهمها على الإطـلاق: مونوغرافيا بالصور أنجزها دوغلاس كوبر Douglas Cooper بعنوان: (بيكاسو، المسرح) Picasso Theatre وجاءت في طبعة فاخرة تضمنت صوراً بالألوان لتصميمات الديكورات والخلفيات والملابس التي أنجزها هذا الفنان لفرقة الباليه الروسـي؛ ما يثبت بأنه بقدر ما كان تشـكيلياً مجدداً كان أيضاً رجل مسرح من طينة نادرة؛ حتى إنه ألف مسـرحية سـريالية من سـتة مشـاهد بعنوان (الرغبة ممسـوكة من ذيلها)، صدرت عن غاليمار في أربعينيات القرن المنصرم:

— Pablo Picasso Le désir attrapé par la queue. Gallimard paris 194.

37 – عرضت هذه المجسمات والتصميمات في معرض خاص لأول مرة في سنة 1960م بمسـاهمة بيكاسو نفسـه في التنظيم؛ ثم قدم المعرض نفسه بشكل استعادي سـنة 2006م في فرانكفورت، ونال نجاحاً كبيراً؛ حيث ضم بالإضافة إلى الصور والرسـومات والتصميمات مجسـم العرض والخلفيات التي رسـمها الفنان بعد أن تـم ترميمها؛ بل إن باليه (باراد) سـيعاد إنتاجه بنفس تصميمات بيكاسـو للمناظر بمسرح الأوبرا بروما سنة 2007م.

38 – ألّفها صمويل بيكيت في نهاية الأربعينيات ولم تقدم على خشبة المسرح إلا في سنة 1953م، حيث فشلت فشلاً ذريعاً. ولكنها بعد سنوات ستتحول الفشل إلى نجاح باهر سيسهم في تحويل مجرى صناعة المسرح بشكل جذري. صدرت عن مينوي Minuit لأول مرة سنة 1952م، ولا تزال تخرج في طبعات جديدة لحد الساعة، كما ترجمت إلى كل لغات العالم الحية.

39 – سرقت هذه الشجرة من كواليس مسرح الأوديون ولم يظهر لها أثر لحد الساعة؛ ما أغضب صمويل بيكيت كثيراً وجعله يتوارى حزيناً.

40 – Jon Fosse De la solitude au partage-Propos recueillis par Colette Godard

https://www.theatre-contemporain.net/spectacles/Et_la_nuit_chante_4948/ensavoirplus

41 – خلال (فبراير – يونيو 2021م) نظمت مؤسسة جياكوميتي معرضاً استعادياً قيماً حول العلاقة بين جياكوميتي وصمويل بيكيت، عرضت خلالها تصميمات جياكوميتي للفضاءات المسرحية، كما أعيد تقديم محاكاة لشجرة غودو المفقودة أمام لقطة شهيرة من العرض الذي قدم سنة 1961م، (انظر الصورة 12).

42 – القيم الفني لمعرض ألبرتو جياكوميتي – صمويل بيكيت الذي نظمته واحتضنته مؤسسة جياكوميتي بباريس في الفترة ما بين يناير ويونيو 2021م.

43 – Valérie Oduss En attendant l'expo : Beckett et GiacomettiFrance info culture :

https://www.francetvinfo.fr/culture/arts-expos/en-attendant-l-expo-beckett-et-giacometti-une-longue-amitie-a-la-fondation-giacometti_4266531.html

الباب الثاني:

أسطورة السينوغرافيا

«كل إنسان فنان»

جوزيف بويز Joseph Beuyz

«عندما أتحدث عن العمل الفني فإنني لا أفكر في اللوحة،
وعندما أتحدث عن المسرح، لا أفكر في العرض المسرحي.
في الفن الحديث لا تزال لدينا قضايا أخرى تعقد المسألة
أكثر فأكثر، فعلى سبيل المثال لا الحصر، فإن الفنانين
يغيرون من نسق العمل الإبداعي، أو يتعاملون مع مواد
معينة، توجد في منتصف الطريق وتستخدم لشيء آخر؛ كما
أنهم يوفقونها في مرحلة من مراحل التفكير فيها، وينتج
هذا من أن ثمة إشارة تدينهم بعد ملاحظة المادة، وعدم
تحليلها والبحث عن إمكانية صياغتها».

جوزيف شاينا Józef Szajna

ترجمة: هناء عبد الفتاح

«روبرت ويلسون: منظر الرجل الجالس في محطة وهو ينتظر الباص، لن يكون هو نفسه عندما نقدمه على خشبة المسرح.. لأنها ببساطة خشبة، وليست انعكاساً لمكان آخر. الوضعيات والأضواء ستكون مختلفة، وكذلك الأصوات والحركات، لماذا؟.. لأنها خشبة.

جان فابر: (مقاطعاً) أكره كل نزعة طبيعية في الفن.

روبرت ويلسون: في الأوبرا يزداد الوضع تعقيداً؛ لأنها ليست كالحياة الحقيقية، بل هي شيء آخر تماماً، ومن ثم، يكون عنصر الخيال هنا أكثر رحابة ومتسماً بحرية أكبر»

على هامش تقديم أوبرا Turrando
إخراج روبرت ويلسون
بمسرح الأوبرا الكندي برسم سنة 2019م

الفصل الرابع

عدوى من كل الفنون

ما الذي تحصل لدينا من الفصل الأول؟.. تركيب موجز لحفريات التمثيل الفني؛ متراوحاً بين التشكيل على الأسطح Surfaces (اللوحة والمنحوتة) والاشتغال في المساحات الفارغة Espace vide (تصميم المكان المسرحي). تحدثنا عن الفنان العظيم في عصر النهضة الذي ابتدع العمق؛ مقتحماً غمار المساحات الفارغة عبر امتهانه للتصميم المعماري؛ ثم عن تحول هذا الفنان بعد شيوع الرسم المنظوري إلى مهنة التأثيث طيلة عصر الأنوار؛ قبل أن يستقل في العصر الحديث بشخصيته كمصمم فني يستوحي اسكيتشاته للفضاء من قلب لوحاته ورسوماته؛ مؤكداً بذلك الصلة بين كل مكونات الفضاء من مناظر وملابس وإكسسوارات. كانت العلاقة الأولى تتسم بالخضوع لرهبة المكان — المقدس، فيما توسلت الثانية بالمنفعة والقدرة على حل المشكلات التقنية داخل مسرح العلبة المستحدث مع ازدهار الأوبرا؛ أما في المرحلة الثالثة فتربع إحساس الفنان وتسيّد، بعدما استقل هذا الأخير بدوره كمبتكر للفراغ الدرامي. هذا كله له دلالاته، لأن تصميم مساحة التمثيل في العصر الإليزابيثي قام على الإشارة الذهنية في

تمثل الأمكنة، ثم تحول بالتدريج إلى الأيقونة مع تطور استعمال الرسومات المنظورية في الخلفيات وتوظيف الستائر، وانتهاء باعتماد قطع الديكور الواقعية وتحويل الخشبة إلى غرفة بهدم الجدار الرابع؛ فيما اتخذ طابع الرمز مع الفن الحديث؛ وفي كل مرحلة من هذه المراحل الثلاث، تغيرت الأدوار، وتراوحت وفق حاجات العصر للمرئي: فقد بدأت بأن كان الفنان حبيس المكان واستعاراته الذهنية في تمثل عناصر الفضاء ومستوياته، ثم تطورت هذه العلاقة نحو نوع من المحاكاة للنسخة التي بلغت ذروتها مع سيادة الواقعية في الرسم الزيتي؛ قبل أن تنتهي إلى هدم أي علاقة تناظرية بين الأصل والنسخة مع فورة الفن الحديث ومدارسه التي ثارت على الطبيعية.

لكن، هل يفسر ذلك حقاً كيفية استقلال السينوغرافيا بنفسها خلال النصف الثاني من القرن الماضي باعتبارها فناً للهجنة؟ لنتساءل بوضوح: كيف مهّد كل ذلك لكي يتسع مفهوم السينوغرافيا ليشمل كل ما له علاقة بالجانب المرئي والمادي للعرض الحي؟

كان تحول مفهوم الفضاء في الفن المعاصر هو الشرنقة التي خرجت منها دودة السينوغرافيا، لتغير من مفهوم العرض الحي؛ عبر تجارب كبار مخرجي النصف الثاني من القرن العشرين، وهو ما اصطلح عليه في النهاية بالمسرح المعاصر. اعتقد ريجيس دوبري جازماً بأن آلات التصوير الأنالوجية الأولى: (من البولارويد[1]، مروراً بنظام البال – سيكام[2] وحتى اختراع[3] VHS) لم تلغِ الفنون الجميلة التي كان منجزها متمحوراً حول صور هي نتاج اليد، بقدر ما أعادت تنظيم الفن ضمن مجال بصري بحث، خاضع لبؤرة العين.

هذه النظرة الجديدة للفن هي ما جعل من القرن الماضي الحقل الذي أينع مجتمع الاستعراض؛ لكن لا لتخليده، بل لمحقه وإعلان نهايته، خصوصاً مع ولوجنا عصر الإنترنت واكتساح الشاشات – بالمتعدد؛ وهو ما سنقف عنده بالتفصيل في الفصل الثالث.

كان النصف الثاني من القرن الماضي عصر فرجة بامتياز، وعصر العروض الحية التي استفاد فيها التمثيل من كل تقاليد الأداء خارج المركزية الأوروبية. استوحى كروتوفسكي Grotowski تقنياته في إدارة الممثلين من الكتاكالي الهندي، وتبعه في ذلك تلميذه الوفي يوجينيو باربا Eugenio Barba الذي طبق كل تنظيراته بشكل عملي؛ ما انعكس بالضرورة على الفراغ المادي لعروضه التي اعتبرها بديلاً لفضاءات اللعب في المسرح التقليدي (الإيطالي). وسافر بيتر بروك Peter Brook مع فرقته الشهيرة إلى شيراز في إيران، كما توغل في مجاهل أفريقيا باحثاً عما يسعفه في تقديم شكسبير بشكل جديد، وضمن فضاءات مغايرة استفاد فيها كثيراً من الفنون الإسلامية والأفريقية. وقام مسرح الشمس Théâtre de soleil بمسرحة تاريخ الثورة الفرنسية عبر استعراضات ضخمة قدمها خارج العلبة الإيطالية، وفي أماكن مفتوحة تشبه إلى حد كبير مسرح الغلوب.

يعد القرن العشرون العصر الذهبي للفنان الشامل الذي وسع من مفهوم الفضاء بشكل غير مسبوق؛ ما جعل منه ملتقى لكل الأشكال الفنية التقليدية والجديدة: (صباغة/ برفورمانس/ تجهيز/ رقص/ نحت/ أقنعة/ استعراض/ هابنينج..)؛ ولم يكن كل ذلك ليتحقق لولا ثورة الفن المعاصر التي قدحت زنادها حركة البوب آرت في أمريكا

بعيد الحرب العالمية الثانية، بحيث أضحى لزاماً بعدها أن يتحدد وضع المسرح ضمن حالة ثقافية جديدة، وسمتها تحولات جذرية في مفهوم الفن نفسه، الذي سيتمظهر ولأول مرة في التاريخ عبر أشكال جديدة وجذرية ستطرح لأول مرة في المتاحف والرواقات؛ مثل: البرفورمانس والتجهيز وفن الأرض... جاءت كلها موسومة بالهشاشة، وانعدام الصلابة والخفة والموت، والأهم أنها كانت متخففة من كل السرديات الكبرى، بما فيها التشكيل السامي للفن.

جاء الفن المعاصر ليمحي أي فروق ممكنة بين المسرح، الأداء الحركي، النحت، والتشكيل.. بين فن الفيديو والهابنينج... فهي كلها مجتمعة تشكل إنجاز الفنان المعاصر، الذي يستغل كل الأشكال والتقنيات ليجعل من الفراغ تحفة فنية. العالم برمته ينحو نحو التشكل الفني: أسطح ناطحات السحاب، الهناجر، الحدائق، الصحارى، الهواء، المختبرات ودور المياه، السماء، البحر.. يمضي الفن المعاصر ليصير فنه هو الدواء الذي تتعاطاه مجتمعات ما بعد الحداثة، حتى يستعيد الناس إنسانيتهم، ويصيروا بشراً ــ ربما ــ كما لم يكونوا من قبل!.. في ظل هذا الوضع الجديد الذي انطلق من أمريكا باسم الطليعة؛ وهي مخالفة تمام لمقصود الأوروبيين من هذا الاصطلاح، بدأ يلوح وكأن كل أشكال الفن التقليدية من رسم زيتي ونحت ورسم مائي.. بدأت تصاب باللعنة، وأضحت يوماً بعد يوم تعلن عجزها عن الإنتاج والتأثير في عالم صارت فيه السينما هي التي تتربع على عرش التعبير الفني، بل أضحت مثل هذه الأشكال التقليدية تنتج خطابات الردة، التي تناضل ضد فكرة الفن نفسها:

الخيال والخلق[4]؛ وبدأ يلوح بأن استنفاد الفن الحديث لأدواره قد أضحى مسألة وقت ليس إلا. لنتذكر: فكرة الموت والانمحاء لصيقة بالفن على الدوام، ومن دونها لم يكن ليقيض له الاستمرار. تأثير الدادا والمستقبليين والباوهاوس مهم جداً في فهم هذا التحول من الحديث إلى المعاصر: التسمية المفضلة والمفرغة من معاني التزمين؛ حيث لا وجود للدلالات، هناك فقط إشارات تماماً كما في الكتب المقدسة.

في ظل هذا الوضع الذي كانت تسير فيه كل السرديات الكبرى نحو الانهيار، في قرن دشن حضوره بانهيار كل المعاني تباعاً، كان لا بد وأن يكون فن الأداء (البرفورمانس) هو التدشين لأزمة اللايقين في الفن، والهجنة بين مختلف أشكاله: مسرح/ تشكيل/ موسيقى/ رقص/ سينما...، عبر توسله بأنساق مفرغة قصداً من أي انتماءات واضحة، طارحاً بذلك وجود الإنسان كما الفن نفسه محط إشكال نقدي ملتبس: هل هو وجود دال حقاً؟

سبق لمسرح اللامعقول أن طرح هذا السؤال؛ وأجاب عنه يونسكو Ionesco بلغة تشكيلية بليغة في عمل ملتبس؛ حينما جعل الفضاء المشهدي في مسرحية المستأجر الجديد Le nouveau locataire يزدحم عن آخره بقطع الديكور من كراسي وطاولات ولوحات.. حتى لا يجد الممثلون أي موطئ قدم. استفاد هذا المسرحي الكبير من فن التجهيز Installation الذي كان وقتها الاكتشاف اللامسبوق للفن المعاصر، وجعل من الاكتظاظ المبالغ فيه لكل مستويات الخشبة أبلغ تعبير عن رفض انحطاط النزعة البرجوازية في المجتمع الحديث، دونما حاجة إلى بلاغة لفظية. ولكن مسرح اللامعقول برغم ذلك

ظل يراوغ في مسألة المحتوى الذي كان يعمد لإخفائه بغية الإظهار والتوكيد؛ والسعي الحثيث وراء القبض على المعاني إنما هو تعبير ذاتي فاضح عن رفض داخلي للخواء.

تلك في الحقيقة كانت أزمة الفن الحديث، الذي لم يتخلص من وهم المعنى رغم إيهامه بالعكس؛ والسبب في ذلك، عدم تقبل فنانيه بشكل لاواعي لحقيقة أن وجود الإنسان إنما يماثل وجود حبة رمل على شاطئ تتقاذفه الأمواج، ثم جاء الفن المعاصر ممثلاً في البرفورمانس لينجح في تحقيق ما فشل فيه المسرح الطليعي: القبول بلا جدوى الوجود والتعايش معه.. نحن هنا، لسنا بصدد الحديث عن شكل راديكالي في تصميم الفرجات الحية، بل عن تقاطع بين الكثافة والاستعراض، بين السطح الذي عند إكسابه الأبعاد الثلاثة فإنه يتحول إلى مساحة بصرية ــ أدائية تعبر بفراغها عن حقيقة الكون. وهنا كان دور بويز Beuys الذي كان من أوائل الفنانين الذين اختاروا الحياة على تخوم الأشكال الفنية، والبقاء في مساحة النومانس لاند No man's land دون هوية، ولا انتماء محدد.

تحول جوزيف بويز Joseph Beuys إلى ممارسة الفن المعاصر بعد تجربة مريرة في ميادين الحروب، فقد عمل طياراً عسكرياً قبل أن تهوي به طائرته فوق قمم القوقاز. هناك، أنقذه البدو الرحل بمعجزة، ولكن الثمن كان غالياً جداً: فقدانه التام لجلده الخارجي الذي احترق بالكامل. سيتمكن هؤلاء البدائيون عبر دهن جسمه بمراهم الشحم ولفه باللباد والبطاطين، من تضميد جراحه؛ حيث عاش بينهم لردح من الزمن. إثر انتهاء الحرب العالمية الثانية، سيعود إلى ألمانيا

وسيتحول من دراسة البيولوجيا إلى كلية الفنون الجميلة، راسماً لنفسه مساراً مغايراً يحقق به الهروب نحو ما تبقى من إنسانيته.

عرف بالطالب المشاغب، ثم بالأستاذ المتمرد الذي لم يقتنع بما كان يدرس في معاهد الفنون على أساس أنه هو الفن؛ وأطلق جملته الشهيرة: (مع قماشة وحامل، تبدأ المشاكل في الفن)؛ لذلك توجه بعد تخرجه إلى أشكال جديدة غير معهودة، القاسم المشترك بينها كفرها بالتصنيفات وإيمانها العميق بالهجنة: فن الإنشاءات الفراغية Installation وفن الأداء Performance اللذين سيجسران المسافات المفقودة بين التشكيل والمسرح، بين السطح والفراغ. وهكذا، وفي سنة 1974، سيلمع نجمه في سماء الفن المعاصر بإنجازه الرائع والملتبس: أحب أمريكا وأمريكا تحبني I like America and America likes Me.

وصل بويز من دوسولدورف إلى مطار كنيدي ملفوفاً في الضماد الذي غطى جسده كالمومياء! وبواسطة نقالة وسيارة إسعاف، تم نقله إلى صالة العرض، التي كانت عبارة عن غرفة زجاجية واسعة يحيط بها الجمهور من الخارج. هناك سيقضي ثلاثة أيام متواصلة مع قيوط Coyote، وهو ذئب أمريكي متوحش من تكساس. ظل يحتمي ببطانية وباللباد القوي من عضات هذا القيوط، دون أن يفكر ولو للحظة في إيذائه بواسطة عكاز شارلي شابلن الشهير. كانت هذه العلاقة بين بقايا إنسان وذئب متوحش، هي رابطة التواصل الوحيدة، التي هيمنت على العرض. تميزت في البداية بطابع التوتر، حيث كان القيوط يهاجم الفنان ويعض لباده بشدة، غير أن رد فعل هذا الأخير المسالم سيحول هذه العلاقة إلى استئناس، ثم إلى صداقة! إذ لم تكد تمضي

ساعات حتى تآنسا تماماً، فتحولت مساحة الأداء من فضاء للتنافر إلى مكان للتواصل والحميمية، ما شكل حرجاً لكل البشرية!!..

أصر جوزيف بويز بعد انتهاء الأداء على العودة ملفوفاً بلباده إلى المطار، حيث أقلته طائرة إلى ألمانيا، دون أن يرى أو تراه أمريكا. أين تكمن العلاقة إذن بين بويز التشكيلي وبويز فنان الأداء؟

في استعمال المساحة بشكل فني يحولها إلى حقل من الإشارات الدالة:

– عكاز شارلي شابلن، إشارة بشكله المعقوف إلى التزاوج القاري بين أوروبا وآسيا.

– القيوط، إشارة إلى السكان الحمر الأصليين، الذين اتخذوا منه طوطماً مقدساً يرمز إلى حضارتهم الهندية البائدة.

– اللباد، إشارة إلى سلخ الجلد وفقدان الوجه: إنه المحو، وقد يكون النسيان.

لا شيء سوى الإشارات التي منها شكل هذا الفنان ما قد نسميه – إذا جاز لنا استعارة تعبير المفكر إيهاب حسن – بفن الصمت، الذي يدور حول نفسه، وينقلب على نفسه، لكي يعلن الرفض التام للتصنيف من جهة، ولكي يدين التاريخ البشري كمقياس للأشياء جمعاء من جهة أخرى. العمل الرائع الذي أداه هذا الفنان يدل على رغبته في شفاء جراح الفن والإنسانية معاً، فكلاهما فقد جلده/ إحساسه بفعل التكريس والتصنيف. لقد سعى إلى ردم الهوة بين الشكل والقيم، بين

اللون والأداء، بين المدينة والطبيعة.. سعى أيضاً إلى إحياء ذكرى الإبادة الجماعية التي تعرضت لها شعوب حمراء على يد أخرى بيضاء، اجتاحت القارة الجديدة عنوة. (انظر الصورتين 13 و14)

قوة إنجاز بويز تكمن في كونه قد تمكن من نفي أي شكل؛ بحيث جعل عمله الحي إطاراً غير ممتلئ ومرهوناً بالإحساس Sensation لا بالإدراك. تغييبه للمعاني والدلالات الموضوعية المباشرة كان عن قصد، بهدف خلق قيمة دلالية ناتجة عن الحس الجمالي. انطلاقاً من هذا الأداء الذي حار النقاد في تصنيفه: للفن التشكيلي أم للمسرح.. سيتعلم الفنانون العاملون في صناعة الخشبات الحية كيف يتركون من ورائهم إرثاً موغلاً في الثقل، ليتجهوا قدماً نحو تصميمات بصرية سلاحها العلامات والعلامات فقط. أمام منتج كهذا، لم تعد ثمة بداية أو نهاية في العلاقة بين التشكيل والمسرح، بين الرسام/ النحات، وبين مصمم المناظر؛ تماماً ككتاب الرمل لبورخيس. هناك فقط صيرورة الغبطة ولو اتسمت بنبرة حزينة؛ مجموعة من الطقوس والاحتفالات الخفية والجلية التي لا مكان فيها للعمق والجذور، فقط للسطح والجذمور.

بعد فن الأداء ثم الإنشاءات الفراغية، أدرك صناع الخشبات الحية في المسرح العالمي بأنه لم تعد ثمة فائدة في تسمية «المسرح الضد» Anti – Théâtre [5] الذي كان محاولة ميئوس منها لمنح معنى لفن تقليدي محكوم عليه بالفناء، في عصر يموت فيه كل ما هو غير مرئي. وهنا بالضبط، صار بإمكان السينوغرافيا أن تعلن عن نفسها بلا مواربة.

الفصل الخامس:

التشكيلي سينوغرافاً.. السينوغراف تشكيلياً

هل من الضروري أن نستهل بتعريف اصطلاحي أو لغوي للسينوغرافيا؛ أم نترك هذه المهمة للتركيب والمحصلة؟.. من السهل جداً أن نورد واحداً أو أكثر من تلك التعاريف المطروحة على الطريق، فنقول: السينوغرافيا هي الإطار المادي للعرض المسرحي؛ ولكن التطبيق العملي يفيد بأن السينوغرافيا قد تتجاوز حدود المسرح إلى كل أنواع الخشبات الحية: ركح/ بلاتوه/ فضاءات عسوسية.. أم نساير ذلك الذي يدعي بأن السينوغرافيا هي فن تصميم المناظر؛ لكن ومع اتفاقنا الجزئي مع هذا الرأي، ألا يكون عمل السينوغراف في كثير من الأحيان أشمل من الاشتغال على الكتل والمواد المرئية، كما سنرى؟

ربما قد يكون أقرب تعريف إلينا هو ذاك الذي يقرن عمل السينوغراف بالحركة الفنية التي تسعى إلى تطويع منجزات الفنون التشكيلية، قصد استغلالها في ابتكار جماليات حية تثري المكان الفني. نقول بأنه أقرب تعريف للسينوغرافيا، ولكنه ليس كل المقصود بالسينوغرافيا؛ هو الأقرب لأنه على الأقل يقرن عمل السينوغراف

بإسهام الفنان التشكيلي في الابتكار، وإن كان ذلك يتم في الغالب تحت مظلة النص المسرحي وتوجيهات المخرج؛ وتلك معضلة كثيراً ما أضرت بفنون الأداء لدينا.

سنختبر هذه الحقيقة بشكل جلي، عندما نتأمل واقع المسرح العربي المرير؛ حيث معظم الفنانين الذين يشتغلون في مجال السينوغرافيا يخضعون بشكل أو بآخر لمثل هذا الفهم الضيق والمحدود (الاشتغال وفق الخطوط العريضة للنص وتحت سلطة المخرج). هذا الوضع هو في الحقيقة نتاج طبيعي لترسيخ الفصل بين السينوغرافيا والتشكيل؛ إذ نادراً ما يجمع السينوغراف في ثقافتنا العربية بين عمله في تصميم المناظر المسرحية، وبين الإسهام المنتظم في المعارض الفنية أو البيناليهات الدولية للفن المعاصر؛ وكأن عمل كل منهما (التشكيلي والسينوغراف) مفارق للآخر. قد نكون أكثر قساوة فندعي بأن تدريس السينوغرافيا نفسه لا يتحقق لدينا باستثناء حالات نادرة إلا داخل معاهد للتمثيل، وليس في كليات الفنون الجميلة ومعاهد التصميم والكرافيزم؛ حتى إن الكثير من فنانينا المعروفين في هذا المجال، تخصصوا بالمصادفة في مهنة السينوغرافيا وتصميم الملابس، وربما بعدما لم يظهروا تميزاً يذكر في التشخيص أو الإخراج خلال السنة الأولى من الدراسة[6].

على العكس من ذلك، لم تظهر السينوغرافيا في المسارح الأوروبية إلا بفعل الوعي بشفافية الحدود الفاصلة بين التشكيل والاشتغال على المنظر الحي؛ خصوصاً في اعتمادهما على نفس الأسس والمكونات: اللون – الكتلة – التركيب.. التظليل.. والمحصلة التي ينتهي إليها مثل

هذا التهجين، هي المتعة الفطرية للاحتفال، وأيضاً اكتساب القدرة على الارتجال. يحقق الفنان وهو على تخوم التشكيل والسينوغرافيا أسلوب وجود الاحتفال الفني الذي يفتقده مسرح بلا تشكيل، مثلما يبقى بعيداً عن متناول تشكيل بلا أبعاد ثلاثية.

تطورت السينوغرافيا واستقلت بمعانيها التي نعرفها اليوم في بلدان أوروبا في وقت تزامن مع الستار الحديدي للشيوعية الذي كان يرخي بقبضته على القسم الشرقي منها؛ كان القاسم المشترك مثلاً بين بولندا، وتشيكوسلوفاكيا كما كانت تسمى قبل سقوط جدار برلين، أو رومانيا وبلغاريا هو تحريم أنظمتها الشيوعية للفن الحديث الذي منع من التدريس بالمعاهد، كما من العرض بالرواقات الفنية، بدعوى كونه معارضاً لمبدأ الواقعية في الفن، ما يجعله في خدمة الطبقات البرجوازية. في مثل هذا الظروف المتسمة بفرض القيود على حرية الفنان، سيُبصرف، معظم هؤلاء رؤاهم التكعيبية والتعبيرية على خشبات المسارح المستقلة، بعيداً عن أعين الرقابة؛ عبر إسهامهم في تصميم فضاءات عرض جديدة ومبتكرة. ومن ثم، فقد كانت خشبة المسرح هي السند التشكيلي الحي، والعماد اللوني والمادي الذي احتضن ابتكارات هؤلاء الفنانين المتمردين في الفن الحديث والمعاصر، ولبى طموحهم في ابتكار فن يتحدى القيود ويعبر عن الحرية.

لقد كانت الفترة الممتدة من الستينيات وحتى نهاية التسعينيات هي العصر الذهبي لإسهام الفنانين التشكيليين في تطوير مسارح أوروبا الشرقية، ليس فقط كمصممي مناظر، بل وأيضاً كمبتكرين

لفن بصري حي لا يعتمد تصميمات تابعة لإرشادات النصوص، بل إنه كثيراً ما استغنى هؤلاء الفنانون عن النص الجاهز مثلما هجروا البنايات التقليدية للمسرح نحو فضاءات أخرى أضحت جزءاً من تصميم العرض الحي. هل ندعي بأن صعود السينوغرافيا تزامن مع تراجع دور النص المسرحي في صناعة الفرجة المعاصرة؟.. نقول تراجع، وليس بالضرورة إلغاء تاماً للنص، الذي صار مكوناً ضمن مكونات أخرى، وليس بالضرورة قائداً وموجهاً للعملية الإبداعية، لكن والأهم، انصهار مهنة الإخراج بتصميم الفضاء؛ ما جعل السينوغراف في كثير من الحالات هو المخرج الجديد والفعلي.

تادوز كانتور Tadeuzs Kantor واحد من أهم هؤلاء الفنانين البولنديين الذين ابتدعوا حلولاً تشكيلية لأعمال مسرحية غير تقليدية بالمرة، فحقق شهرة عالمية جعلت منه واحداً من مصلحي المسرح المعاصر. قدم عروضه في الأقبية والسراديب بعدما رفضت المسارح الرسمية استقباله. بدأ حياته رساماً طليعياً إثر تخرجه في مدرسة الفنون الجميلة في كراكوف[7]، وسرعان ما لمع اسمه في الحياة التشكيلية ببولندا، قبل أن يتجه إلى المسرح بعدما ضاق بمحدودية السند التشكيلي التقليدي (اللوحة). هناك سيبدأ مصمماً لمناظر بعض العروض الطليعية، غير أنه سرعان ما سيعلن رفضه للمكان المسرحي – الإيطالي الذي كان اكتشف بأنه كاللوحة؛ إطار منغلق إلى أبعد الحدود.

بعد تعرفه إلى حركة الحد الأدنى [8] Minimalisme خصوصاً في النحت الأمريكي؛ سيغير بشكل جذري من نظرته للتشكيل وللمسرح

معاً، بحيث سيتجه إلى تحطيم السند التقليدي للوحة، محرراً إياها من فخ السطح؛ ومحققاً لحلولها في الفراغ؛ حتى إنه كان لا يفصل بين ما يعتبره منجزاً تشكيلياً وبين ما يصممه للاستخدام السينوغرافي في عروضه المسرحية التي كان يخرجها بنفسه. كان أثناء تقديمه لعروضه يأخذ مكانه على الخشبة بين الممثلين؛ وليس في الكواليس كما هو حال كل المخرجين والمصممين التقليديين؛ بحيث لم يكن يتردد في التدخل أثناء العرض وأمام الجمهور لتوجيه ممثل، أو تعديل الكتل المادية، أو إعطاء أوامره بشكل مكشوف للتقني في المقصورة لإضاءة أو إظلام مشهد ما؛ وكأنه أمام لوحة أو منحوتة غير مكتملة؛ ولا يزال في طور الاشتغال عليها.

يتموقع التمثيل (إنشاء الصورة الجمالية) في مسرحية (موت فصل دراسي) وهي من أشهر أعماله على الإطلاق[9] في التخوم الواقعة بين فن التجهيز القائم على تقنية التركيب Assemblage، والهابنينج Happening؛ حيث يطيح الجسد عبر الصمت أو الهمس والهذيان بكل أسطرة لغوية ويصير بمثابة الكولاج، تماماً كما نجده موظفاً في لوحات روبرت روشنبرغ[10] Robert Rauschenberg؛ أحد ملهمي تادوز كانتور في كثير من أعماله الفنية.

قدم هذا العرض بأحد السراديب التي كانت تستعمل كملاجئ أثناء الاحتلال النازي لبولندا، كما لفرنسا التي قدم بها العرض الأول للمسرحية؛ لم يتوفر فضاء العرض على ستائر ولا كشافات ضوئية، مما تستعمل عادة في المسارح؛ البلاط الحجري للأرضية والجدران كان جزءاً مهماً من التكوين البصري النفاذ، خصوصاً في علاقته

بالمصابيح التي تستعمل عادة في إضاءة الأقبية، وترتبط في المخيّلة الشرقية بمعتقلات الاستنطاق النازية. لقد جاء اختيار مثل هذا الفضاء العاري ليعزز الإحساس بالقتامة والسوداوية، وليهدم أي حواجر بين المؤدين والجمهور، حيث وقف كانتور بنفسه يستقبل الحاضرين ويرشدهم إلى مقاعدهم الخشبية التي اصطفت عمودياً في الجانب الأيسر، أما في في مقابلها وعند مؤخرة الجانب الأيمن، فرصّت طاولات خشبية مهترئة مما تستعمل عادة في أقسام الدرس، وقد اصطف عليها ممثلون بقسمات جامدة وكأنهم دمى؛ وبالفعل فقد كانوا دمى مصطنعة، يتأبطون فوق ظهورهم دمى أخرى حقيقية تجسد المضاعف المركزي للجسد الحي – الميت، وتعبر عما لا يستطيع الجسد البشري – الحي التعبير عنه، أي: الفقدان التام للإحساس. أما السينوغراف الذي هو نفسه مخرج العرض؛ فقد تحول إلى مايسترو يقود الجوقة؛ عازفاً بأجسادهم وبالدمى الجاثمة فوق ظهورهم سيمفونية من الرعب والقسوة. (انظر الصورة 14).

تمكن هذا المبدع من خلال هذا العرض من إعادة وصل جديد ومبتكر للسينوغرافيا بالمعمار، حيث كان ينطلق من فكرة أن لكل عرض هندسة – وليس مناظر – هي التي تملي طبيعة الفضاء القار الذي سيحتضنه؛ بحيث إن التجهيز والإنشاء الفني في المكان، هو الأهم، حتى من التمثيل اللفظي.

لذلك، كان بإمكان هذا المبدع أن يكثف المنجز المسرحي بتخليصه من كل أنماط التواصل اللفظي، ليحوله إلى تجهيز فني يقدم بالمتاحف والرواقات، ويؤدي نفس الأدوار المنوطة به كعرض حي. كان يسهل

على كانتور أن يحول لوحاته ومنحوتاته إلى عروض مسرحية حية؛ وبالمقابل، أن يعيد تشكيل جوهر العرض المسرحي إلى إنشاء فراغي Installation (انظر الصورتين 15 و16)؛ وهذا شيء مهم جداً، لأنه بذلك كان يشكل تقويضاً لسياسة التمثيل في الفن الحديث، التي رغم ثورتها على القديم، فإنها مع ذلك حافظت على الأسلوب الواحد، في حين لا تنشأ الأشكال الفنية من وجهة نظر ما بعد الحداثة إلا من خلال خواص التشظي والتعددية، ومن خلط الأساليب والخامات.

لقد أسهم التكوين الفني الطليعي لهذا المبدع في أن يعلن بلا تردد كفره بالمسرح التقليدي، الذي اعتبره: «مؤسسة فنية بلا معنى، تحجرت منذ قرن ولم تعد تليق بالحركة المتسارعة للمجتمع»[11]؛ ومن ثم، سنفهم جيداً لماذا كان رواد الثورات المسرحية الكبرى في الغرب من خريجي مدارس الفنون الجميلة والهندسة المعمارية والتصميم الكرافيكي، وليس بالضرورة من المعاهد التقليدية للمسرح؛ هذا واضح ولا يحتاج إلى تدليل؛ من جوليان بيك Julian Beck[12] إلى روبرت ويلسون Robert Wilson[13]؛ ومن روميو كاستلوتشي[14] Romeo Castellucci مروراً بالبلجيكي جان فابر Jan fabre[15] وحتى ديمتري بابايوانو Dimitri Papaioannou[16].. كلهم ولجوا المسرح من باب التشكيل، التصميم وأشكال الفن المعاصر، وليس من المعاهد التقليدية للتشخيص الدرامي؛ ومن هؤلاء؟.. هم صناع الخشبات المعاصرة بلا منازع.

هل هو الوضع نفسه الذي يسم المسرح العربي الحديث؟..

بالتأكيد ليس هذا بالأمر الشائع؛ إن لم نقل بأنه نادر الحدوث،

فالمخرجون المسرحيون العرب، ومعهم كل العاملين في هذا المجال، يتفاضلون فيما بينهم بمدارس الفن المسرحي وأقسام التشخيص الدرامي التي تخرجوا فيها، وفي كثير من الأحيان، يعتبرون مثل هذا التكوين التقليدي الذي لا يساير تحولات المجتمع المعاصر وأشكال التعبير المستجدة فيه، بكونه قيمة مضافة. هو الوضع الذي لا يزال مستمراً لحدود اللحظة، حيث نعاين باستمرار في كل ما يقدم بالمهرجانات المسرحية العربية والمسارح القومية هذا الفصل التام بين ما يندرج ضمن نطاق الفرجة ـ الحية الخالصة؛ وما ينظر إليه على أنه فن تشكيلي لا علاقة له بالمسرح.

ربما كان المخرج المسرحي الشهير الطيب الصديقي متميزاً بعض الشيء عن مجايليه، بممارسته لفن الخط والرسم التجريدي؛ مثلما كان شغوفاً بالفنون الإسلامية، وقد انعكس هذا جلياً في تصميمه لفضاءات عروضه الخالدة في ذاكرة المسرح المغربي والعربي. يمكن أن نقف على سبيل التمثيل لا الحصر عند تجربته الرائدة: (مقامات بديع الزمان الهمذاني)[17] التي وظف فيها الحرف العربي، والاقتصاد في اللون إلى الحد الأدنى بغية تشكيل التكوين البصري للعرض. كان هدف هذا المبدع إيجاد عماد بصري للعرض المسرحي، يستمد وجوده من خصوصية الفنون الإسلامية؛ ومن هذا المنطلق، قام بتشكيل مجسم ضخم لكلمة (مقامات)؛ جعل منه ركحاً مضاعفاً يؤدي عليه الممثلون أدوارهم؛ مثلما جعل من فتحات حرفي الميم والقاف نوافذ يطلون منها على الجمهور، في تطويع بديع لإمكانات الخط العربي الذي اخترق الحدود، واكتسب في هذه التجربة أبعاداً ثلاثية،

جاءت متناغمة مع موضوع المسرحية المستوحى من نصوص أدبية يفوق عمرها ألف سنة.

للأمانة التاريخية، تعتبر مرحلة الطيب الصديقي في القرن الماضي مرحلة البديع بامتياز في صياغة المرئي؛ ولكن النقاد وإن اعترفوا بقيمة تجاربه، إلا أنهم غالباً ما صنفوها في تعسف واضح ضمن مرحلة ما قبل ظهور السينوغرافيا، التي تتزامن لديهم وتخرّج أول جيل متخصص في هذه المادة التي لم يتم إحداثها بالمعاهد إلا في التسعينيات. ولكن الحقيقة أن أعمال الطيب الصديقي كانت مؤسسة لمفهوم السينوغرافيا في المسرح العربي، حتى قبل شيوع الاصطلاح لدينا بكثير؛ لنقل بأنها كثيراً ما تفوقت على جل ما يقدم في مسارحنا اليوم تحت يافطة السينوغرافيا؛ والسبب ارتباط مبدعها الوثيق والصريح بمنجزات التشكيل العربي، وهو ما نفتقده للأسف في معظم فناني هذا الجيل.

تميز الطيب الصديقي عن باقي المخرجين بأنه ظل على ارتباط دائم بتنظيم معارض في الرسم والخط؛ كما أن اتصاله لم ينقطع يوماً بالصباغة والنحت على الخشب، وكل أشكال الفنون الإسلامية؛ توقف عن المسرح لسنوات، ولكنه ظل دوماً وفياً للفنون التشكيلية والبصرية؛ وهذا بارز جداً حتى في تجاربه الأخيرة في فن البساط؛ الذي عاد إليه في التسعينيات بعد انقطاع طويل عن المسرح، حيث تمكن من بلورة رؤية جمالية للفضاء الأكثر تماسكاً وأكثر انفتاحاً على منجزات الفنون الإسلامية؛ وربما كان هذا أفضل ما قدمته هذه العروض التي لم ترق للنقاد وقتها، واعتبرها معظمهم تراجعاً في

مسار هذا المبدع. اشتغال الصديقي بالتشكيل وانفتاحه على منجزاته، هو ما أهله للإسهام في السينما عبر مزاوجته بين الإطار والكادر، فأخرج واحداً من أهم الأفلام في السينما المغربية[18]؛ كما شارك في إخراج كثير من مسرحياته للتلفزيون.

لكن مع ذلك، أين يوجد المشكل في هذه التجارب التأصيلية؟

في تصور معظم نقاد المسرح العربي، تنطرح معضلة مسرح الطيب الصديقي في كونه عظم من البهرجة البصرية على حساب المضمون الفكري، ما أسقطه في الفلكلور، نجد هذا الرأي شائعاً بين جماعة المسرح الاحتفالي، وأيضاً لدى النقاد الجامعيين على حد سواء؛ والحقيقة أن تلك ميزة للطيب الصديقي لا العكس، لأنها كانت تؤشر إلى انتصاره لليف البصري Le fibre optique على حساب الليف المنطقي Le fibre logique؛ ثم إن ما يظل نقطة ضوء متوهجة في ريبرتواره بعد مرور كل هذا الزمن، ليس النصوص التي اشتغل، والتي كانت في الغالب كولاجاً من كتابات تراثية أو نوادر أو حكايات وسير شعبية؛ وإنما هو طبيعة الفضاء المرئي الذي أنجزه بالتوسل بلغة تشكيلية باذخة.

لكن، معضلة الاشتغال السينوغرافي لدى الطيب الصديقي تتلخص في ما يسميه ريجيس دوبري بالداء الإسكندراني، حيث الانطوائية على تراث خال من الحياة المعاصرة، ما يفقده الحيوية؛ ومن ثم، عدم القدرة على الاستجابة لمطالب التحديث. فرغم البراعة التي أظهرها في تشكيل فضاء مرئي مستوحى من الفنون الإسلامية،

فإن ذلك كان يتم بطرق هي أقرب إلى الغيبية. عاش الصديقي في قلب عصر اكتسحه الهوس الاحتفالي بجرد المآثر العظمى للحضارة العربية على إثر نكسة حزيران، وقد تم ذلك في الغالب على شكل جمع الذخيرة وتكديسها في دكان التحف القديمة، ما أفقد هذا التراث العظيم سمة الجمال المعاصر. هنالك فرق واضح بين هذا الموروث كما وظف في المسرح العربي التأصيلي، وبين ما يعرف اليوم بفورة الفنون الإسلامية، كما مع فنانين معاصرين مثل عبد الناصر غارم ومنير الفاطمي وأحمد ماطر وغيرهم.. حيث: «الانتصار للحلول التجريدية بغية تمثيل فكرة الزمن والفضاء عبر التوسل بقوة الزخرفة والتوريق والخط الذي اعتبره أبو حيان التوحيدي هندسة روحية بآلة جسمانية» [19]. مثل هذا التصور المعاصر للفنون الإسلامية كان يغيب تماماً في عروض الطيب الصديقي؛ ومن ضمنها مسرحية (المقامات) التي افتقدت في توظيفها الخط العربي – رغم ريادة المبادرة – مثل هذا الرابط بين الجسد والروح، في ظل طغيان الوظيفية التزيينية.

إن جماليات الفضاء المسرحي كما صاغتها تجارب التأصيل في المسرح العربي خلال الربع الأخير من القرن المنصرم ظلت رغم أهميتها في تاريخ المسرح العربي الحديث تفتقد الهمّ الجمالي المتعلق بالروح، والذي تعمده تجارب الفنانين العرب المعاصرين اليوم باسم الجماليات الإسلامية، ما يجعل تشكيل السينوغرافيا في المسرح العربي ومن ضمنه مسرح الصديقي نفسه مفتقداً القدرة على اختراق عالم الحداثة المسرحية، والخشبات العالمية [20].

الفصل السادس:

طي الفضاء.. طي الزمن

في محاولته لتحديد وضع السينوغرافيا في المسرح المعاصر، ينطلق باتريس بافيس Patrice Pavis من تساؤل يصوغه كالآتي: «لو أغمضنا أعيننا للحظة، بغية فحص شامل لوضع السينوغرافيا في فرنسا خلال عقدي الثمانينيات والتسعينيات من القرن العشرين، فما الذي قد يتحصل لنا؟»[21]؛ يجيب عن سؤاله بأنه سيكون مماثلاً لنفس: «الوضع المتعلق بتطور الإخراج المسرحي، سواء؛ من حيث تعدد الأشكال والألوان، أو اقتراح ما لا يحصى من التصورات، والمساحات المتشابكة، التي أغنت عملية الإنجاز، حتى إنه سيصعب ولو بالتوسل بالمناهج الأنطولوجية جرد كل هذه الوفرة، والإحاطة بكل هذا الغنى الذي ميز التجارب الركحية في أواخر القرن الماضي»[22].

يصطلح بافيس على هذه الفترة التي يمكن اعتبارها فورة السينوغرافيا؛ بمرحلة الباروك الجديد، أو ما بعد حداثة فنية: حيث الإفراط في توظيف نفس الحلول السابقة، مع تعميق إجراءاتها العملية. لقد تم بالفعل ابتكار أشكال سينوغرافية جديدة، ولكن فترة

التسعينid ات وحتى مطلع سنة 2000م لم تكن في جوهرها سوى بيان محصلة لتأليه التجارب المتحققة[23]. تطور السينوغرافيا إذن من وجهة نظر بافيس هو انعكاس أمين لمختلف التنويعات Variations الحاصلة في المسرح المعاصر، بفعل التطور الحاصل في مفهوم الإخراج المسرحي نفسه؛ وفي هذا التقابل بين كل من السينوغراف والمخرج، ما يفيد بأن الفضاء العاري أو المساحة قد أضحت بمثابة مقايسة للزمن، والعنصر الكاشف عن زهرة الإبداع الفني.

يقول لوك بوكريس Luc Boucris مؤكداً هذا الطرح: «أضحى الفضاء نموذجاً للتواصل، هذا يستشعره الجميع، ولكن كيف؟ يمكن اعتبار تحولات الفضاء المسرحي بمثابة المدخل الرئيس لفهم ومعالجة كل هذه التحولات.. إذ إن تشكيل الفضاء، والتفنن في نحته، أضحى هو الهاجس الأول لرجل المسرح المعاصر، ومبتغاه في نفس الوقت»[24].

ــ ما الذي قد نتحصله من كل ذلك؟

إن تشكيل المساحة في المسرح المعاصر لم يعد في عصر ما بعد الحداثة مجرد تخطيط مسبق للمناظر؛ يتم إنجازه قبلياً بعد قراءة النص المسرحي والانصياع لرؤية المخرج، وإنما صارت السينوغرافيا تنبثق من قلب الحركة الفيزيائية، ومن صلب إحساس المؤدي، بحيث يستحيل أن توجد قبل أن يتشكل كل ذلك عملياً. هذه شهادة واحد من أهم فناني السينوغرافيا المعاصرة في فرنسا؛ دانييل جانوتو[25] Daniel Jeanneteau الذي يقول: «على الفضاء المسرحي أن ينبثق

من لحمة الجسد ومن ذهنية الممثل؛ لذا يستحيل أن يتحقق قبله أو بمعزل عنه»» [26].

بذلك، ليست السينوغرافيا سوى تشكيل فني لهذه الأحاسيس، وبلورتها على صعيد الصورة Cristalisation de l'image؛ لنقل، بأنها وفق تعبير جان ماري برادييه Jean – Marie Pradier بمثابة مجسم أنثروبولوجي للجسد [27]؛ حيث الفضاء والزمن، مؤشرات دالة على استبدال الإطار الضيق للعمل الفني (سطح اللوحة) بإطار الوجود (الفضاء العاري) الذي يحتضن الحركة الفيزيائية للأجسام المادية؛ ما يسمح للفنان بولوج تجربة فنية مباشرة وحية، تتجاوز القيمة منتهية الصلاحية للمتاحف، التي أضحت مع الفن المعاصر بيوتاً للماضي، وللموت، ولكل ما هو ضد الحياة والتجدد. هذا هو ديدن الفنان المعاصر عند اشتغاله في المسرح؛ وفي مقدمة هؤلاء يتربع بلا شك روبرت وبلسون Robert wilson.

منذ ما يقارب خمسة عقود، وهذا الفنان الأمريكي يحقق وجوداً لا نظير له على صعيد الفنون البصرية (رسم – نحت – تجهيز – فيديو) وفي نفس الوقت على صعيد فنون الأداء الحية (مسرح – برفورمانس – أوبرا)؛ بحيث يعرف مساره الفني صعوداً غير مسبوق، ليس فقط على صعيد الشهرة والحضور الدائم بأرقى الرواقات والمتاحف وأكبر المسارح العالمية، وإنما أيضاً بالنظر إلى ما تكشف عنه تصميماته في المسرح من ابتكار بصري لا يتوقف. فهذا الفنان لا يزال وهو في الثمانين قادراً على خلق المفاجأة، وخرق أفق الانتظار في كل إنتاج جديد؛ عبر استكشاف العلاقات اللانهائية بين عناصر الواقع الذي

يستعيد جماليته يتوظيفه المذهل لفن الضوء؛ ما يجعله قادراً باستمرار على تحطيم الأطر المرجعية التقليدية لمفهوم الإخراج المسرحي، وأيضاً للرسم والصباغة والنحت.

في كل أعماله الأدائية، ينزع روبرت ويلسون إلى محو الفضاء – الزمن، بمعاييره التاريخية استشرافاً لتشكيل كوسموس Cosmos جديد يتسم بمحقه للسردي والنفسي؛ يطمح بذلك إلى تكوين فضائي مغاير يطوي كل الرموز التي ابتذلت بفعل التكرار والاجترار؛ محولاً إياها إلى إشارات مليئة بالحيوية، بعد فصل هذه الرموز عن صورها المعتادة. لقد ألقى بمجسم فيل ضخم ليحتل كل فضاء أوبرا (عطيل) التي قدمها في افتتاح مهرجان بادن بادن سنة 2019م؛ كما جعل من مجسمات عملاقة لنباتات شكلها بمواد معدنية، خلفيات وسواتر لاستعراضه الموسيقي: (كتاب الأدغال Le livre de la jungle)؛ وهو إنتاج مشترك بين مسرح المدينة في لوكسمبورغ ومسرح دوسلدورف في ألمانيا؛ ولا يزال يقدم إلى الآن باعتباره حدثاً فنياً غير مسبوق، وذلك منذ عرضه الافتتاحي في أوائل سنة 2020م.

أما في مونودراما (قالت ماري ما قالته Mary said what she said)، والتي بطلتها ممثلة فرنسا الأولى إيزابيل هوبير Isabelle Huppert؛ فقد اختار اصطناع جسد شاحب قام يتحويله إلى مانكان Mannequin بغية إفراغه من أي تعابير، ثم بدأ بتحريكه وفق إيقاع مضبوط داخل فضاء عار وشبه معتم؛ حيث الإيماءات البطيئة في علاقتها بفن الضوء هي وحدة مقايسة الزمن، ومادة لتشكيل المرئي.

بذلك فقد وضع وضع التمثيل اللفظي موضع شك، حيث لا يتعلق الأمر

بتاتاً بلعب على الخشبة Jeu d'acteur ينمي المعنى عبر التوسل بمفردات السينوغرافيا (تأثيث المنظر)، ولكن بأداء يتسم ببطء مقصود، بغية طي حركة الزمن والفضاء، بحيث يصير مثل هذا الأداء هو مادة السينوغرافيا نفسها، باعتباره رسماً وتشكيلاً لمساحات منذورة للانمحاء؛ تماماً كما لو كنا نرسم على الرمل ونتركه ليمسحه الريح.

لقد تمكن بذلك من تحويل جسد المؤدية طيلة هذا العرض إلى دمية تحركها أصابع القدر الخفية بإحكام؛ وفق مسار لا يمكنها أن تحيد عنه، بالتنسيق مع التشكيلات الضوئية للخلفية. (انظر الصورة 17).

بذلك، فقد صار الجسد في هذا العرض بمثابة سند وحامل Support متحرك في المساحة الفارغة، تارة يتوارى في العتمة، وتارة يستنير؛ وكأنه تشكيل خرج للتوّ من شاشات السينما. يظهر هذا التماثل جلياً في مشهد تسليط ويلسون لضوء أخضر فاقع على منطقة الوجه فقط، وسط خلفية من البياض التام؛ تاركاً ما تبقى في سواد، وخالقاً نوعاً من التدرج اللوني؛ مع وجه خال من التعابير؛ فقط صرخة تذكرنا بصرخة هيلينا فايجل Helena Weigel [28] الشهيرة في مسرحية (الأم شجاعة)[29]؛ حيث تشكيل الفم المفتوح عن آخره يصير جزءاً من سينوغرافيا العرض. (انظر الصورة 18).

تحقق رؤية ويلسون المنتصرة للبصر بفعل طبيعة تكوينه وجذوره كابن شرعي لحركة البوب آرت، ضرباً لكيمياء الفن التقليدي الذي ظل يقوم على التوزع بين المجالات وإقامة الحدود بينها، كنتيجة حتمية لخضوعه لوقت طويل لمعايير عصر إنتاج الخطاب: (مسرح سجين الكلمات والتعبير اللفظي، وتصوير خارج عصر الشاشات)؛

ومن ثم فاشتغال هذا الفنان على المساحات الفارغة ـ الحية كان هو المسمار الأخير في نعش الفن المرتبط بالليف المنطقي (سرديات كبرى/ أيديولوجيا وغيبيات)، مثلما كان هو الطريق الأمثل نحو تحرير الشعر من فخ القصيدة ومن سطوتها.

في إحدى روائعه الأخيرة (شغف آدم)[30] Adam's passion تتحقق نبوءة غوردن غريج من جديد، وهذه المرة في كون المستقبل هو لمسرح بصري خالص؛ الصورة قوامه، والركح المتحول إلى بلاتوه صعيد صلابته. النص في شكله الملفوظ كان غائباً تماماً في هذه التجربة، حيث لا وجود سوى لسيمفونيات موسيقية ألفها آرفو بارت[31] Arvo Pärt بنفس كنسي، عن قصة طرد آدم من الجنة، ونزوله إلى الأرض؛ عقاباً له على تدنيسه للشجرة المقدسة. لخصت التنويعات الموسيقية كل ما تعجز الكلمات عن التعبير عنه: الإحساس بالمعاناة الوجودية لبني البشر بعدما أضحى الفردوس وراءه. أما الفضاء الذي احتضن هذا الهجين من الأوبرا والبرفورمانس وفن الضوء والتجهيز، فكان هذه المرة مستودعاً سوفييتياً مهجوراً، خصص لصناعة وصيانة أسطول الغواصات النووية إبان فترة الحرب الباردة؛ وهي الصناعة الحربية التي اشتهرت بها مدينة تالين Tallinn الساحلية في إستونيا لوقت طويل.

في ما مضى، شكل هذا الفضاء الذي صار مهجوراً اليوم جرحاً عميقاً للساكنة كما للعالم، وندبة لم يمحها الزمان، إذ ظل يذكر على الدوام بزمن الغباء البشري، حينما كان العالم قاب قوسين من حرب نووية كاسحة، كادت ـ لو قدر وقوعها ـ أن تمسح الحضارة

الإنسانية؛ وجاء هذا العمل كتجهيز حي (سمعي – بصري) ليعيد تشكيل هوية مغايرة لهذا المكان، بغية مصالحة الجمهور معه.

روبرت ويلسون فنان شبه مجهول لدينا، بالكاد قد نعثر على بضع مقالات عنه بالعربية هنا أو هناك، ولكن قيل حوله الشيء الكثير في الغرب.. هناك، استفاضوا في الحديث عن تصوره لمسرح الصورة باعتباره خليطاً من الشعر والموسيقى والتشكيل.. حللوا علاقاته المعقدة بالطقوس البدائية، كما وقفوا عند الإشارات الدالة والمتكررة في جل أعماله؛ وأيضاً عن علاقته بالتحولات التكنولوجية الكبرى لهذا العصر المابعد صناعي؛ حيث أضحى لزاماً على الفن الانتصار للإحساس Sensation وليس بالضرورة للمعنى؛ وهذا كله نجده حاضراً بقوة في عرض (شغف آدم)؛ حيث المؤدون وليس الممثلين بالشكل التقليدي يوقعون من جديد على حركات بطيئة في فراغ رمادي تحجبه سحب من ضباب؛ والهدف من البطء هذه المرة، كبح الزمن وامتصاصه Amortissement du temps بغية تفعيل طاقة الإحساس التي انمحت في عصر اكتسحه فرط السرعة.

يقول روبرت ويلسون موضحاً تصوره بهذا الخصوص: «الموسيقى العظيمة تحتاج معها إلى أن تغمض عينيك وتنصت، لأجل ذلك أحتاج الكثير من السكون والبطء، التحدي الخاص بي هو: هل يمكنني أن أقدم شيئاً يساعد على الإنصات.. أفضل من أن تكون عيناك مغلقتين؟»[32].

قيمة هذا العرض أنه تمكن من تحويل المرئي إلى سمعي؛ بما

يمكن أن نصطلح عليه بالشكلنة المفرطة للصور التي تطهر الروح. ذلك أن الإدراك البصري هنا لا يتحقق من دون إدراك سمعي؛ تماماً كما يقع في السينما، حيث جودة ونقاء الأصوات تكون ذات قدرة هائلة على خلق لوحات فنية حقيقية.

يركز ويلسون في عمله على المرئي ولو في تغييب مؤقت للعين؛ خصوصاً أمام تقصّده تثبيت المشاهد لفترات طويلة تتسم بالبطء والتكرار، في مقابل حضور نوعي للأوبرا والإنشاد الكنسي للكورس الحاضر بشكل حي، وكأننا إزاء طبيعة جامدة يشكلها الرسام بمواد بديلة؛ كالضوء والجسد والمؤثرات الصناعية؛ في مقابل تشكيل صور سمعية قائمة على الرخاوة البصرية.. هو تجرد مؤقت من العين بغية إعلان التخلي التام عن المعنى. فنحن لا نحتاج عند تلقي هذا العمل إلى إمعان في الإبصار، ولكن إلى التقاط بصري، ونقصد به التحلي بعين رقمية تلتقط الإشارات: (آدم العاري وسط غيمة وقد نزل لتوّه من السماء إلى جحيم البيداء – طفل يسوي مجسم بناء – شجرة جرداء جذورها إلى أعلى – سلم معلق في الهواء – كرسي مقلوب ومعلق..) كلها إشارات تعمل عملها في ذهن المتلقي، بفعل التناغم مع الموسيقى والكورال، والأداء البطيء:

– آدم العاري: إشارة إلى الألم الأبدي.

– الطفل الوسيم: مشابهة مع الطاووس، ومن ثم إشارة للفردوس المفقود.

– الشجرة المقلوبة جذورها للأعلى: إشارة إلى الخطيئة السرمدية.

– السلالم المعلقة: لانعدام الخلاص على الأرض، واستحالة العودة إلى الفردوس المفقود.

– الكراسي المثلوبة: تشير إلى خطيئة التمثيل الذي هو العقاب المكتوب على البشر بعد طردهم من الجنة، ونزولهم على الأرض، حيث لا فكاك لهم منه. (انظر الصورتين 19 و20).

يبتكر ويلسون على المستوى البصري في مجال فني، هو الأكثر راديكالية، والأكثر وفاء لعصر الإنتاج الطباعي؛ ألا وهو المسرح؛ ومن هذا الارتباط يستمد ما نعت بأبي الفنون ممانعته ومقاومته للمرئي، الذي أينع بسهولة في مجالات أخرى ذات طبيعة تشكيلية بالخصوص[33]؛ لذلك «يمكن اعتبار أعماله تراجعاً عن المضمون لصالح رفع راية مذهب شكلي جديد New formalism وتركيزاً متنامياً مستغرقاً في ذاته على الشكل والبناء في حد ذاتهما، لكننا حين ننظر إلى هذا النفي والإنكار المضمون، فإنه لا يصبح علامة على الإيمان بالطبيعة المستقلة تماماً للشكل، بل يتبدى كمحاولة لعرقلة جهد المشاهد في تفسير العرض المسرحي، ودفعها بقوة على الارتداد إلى نفسها – أي كمحاولة لدفع المشاهد إلى تأمل عملية المشاهدة والتفسير ذاتها»[34].

وهذا في حد ذاته هو أكبر تشكيك يمارسه ويلسون بخصوص فعالية الوسائط التقليدية التي طالما اعتمدها المسرح الإيهامي، وفي نفس الوقت تجسير للهوة الواسعة بين المسرح كفن تقليدي، وبين الفنون البصرية التي هي أكبر تعبير عن روح العصر؛ عبر تطبيقه «لمنهجية التكوين التشكيلي على العرض المسرحي»[35]، أو كما

يصطلح عليه البروفيسور نك كاي Nick Kay بـ: »اجتياز حدود الشكل«[36]؛ لذلك غالباً ما يقدم ويلسون تصوراته الفضائية داخل المساحات/ الخشبات الشاسعة جداً؛ ذات العمق الممتد والعرض الرحب؛ بما يسمح بتعزيز وتوسيع هندسة التراكيب البصرية، وفي نفس الوقت تحرير طاقات المؤدين. وضمن هذا التشابك المعقد بين مختلف الأشكال (فن الضوء – التجهيز – الرقص المعاصر..) يستعيد العرض الحي عناصره الأساسية، كما يتمكن المؤدي من محق التمثيل، وخلق طاقة داخلية مشعة، ترتقي به إلى مفردة من مفردات التصميم السينوغرافي.

بذلك تتجاوز السينوغرافيا عند ويلسون المفهوم الضيق الذي كان يحصرها في مجرد تنظيم فضاء العرض[37] لتصير هي التصميم السمعي – البصري للعرض ككل. لهذا فهو يقوم بإخراج أعماله بنفسه، حيث يصمم فضاءاتها في موازاة مع عناصر الإخراج الأخرى؛ ولم نسمع يوماً بأنه قام بتصميم فضاءات لعروض حية أخرجها غيره؛ ما يعني بأن السينوغرافيا لديه هي الإخراج والعكس صحيح، فكلاهما من صميم أدوات الفن المعاصر.

ويلسون يرسم بالجسد، وأيضاً بالضوء والموسيقى؛ لأنه يؤمن بأن الخشبات الحية سند فني خالص له وواقعه الخاص، ولا علاقة له بأي واقع آخر؛ تماماً كاللوحة المعاصرة مع بروس نومان[38] Bruce Nauman أو كريستيان بولتانسكي Christian Boltanski[39]، أو جيمس تاريل[40] James Turrell، الخشبة عنده عالم قائم بذاته لا يعكس شيئاً خارجه، كما أنها ليست مضاعفاً لعالم آخر؛ بقدر ما هي سند هجين يستوعب كل

الأشكال الفنية في أفق ابتكار عالم مخصوص ومستقل بذاته؛ وهجنتها هاته هي عظمة المسرح وسر استمراره في عصر الشاشات الذي أعلن موت الفرجة إلى الأبد. مثل هذا الاستمرار ممكن جداً، ولكن بشرط وجود الفنان المصمم الذي يبتكر في الفضاء بكل مفردات السمعي – البصري، وبالتوسل بلغة الفن المعاصر؛ هذا فقط هو الطريق نحو حياة المسرح في زمن أفول كل اللامرئيات، واستنفاد التمثيل بمعناه القديم الذي قام خلال عصر الإنتاج الطباعي السابق على الأيقونة. لقد أضحى المسرح يستمد هالته مع المصلح روبرت ويلسون من طفرة الفنون البصرية؛ حيث للمرئي السلطة العليا.

يشير ريجيس دوبري بذكاء إلى أن كريستوف كولومب ليس هو الذي اكتشف أمريكا، وإنما نحن الذين اكتشفناها عبره[41]؛ وهو حكم يصدق على ويلسون الذي لم يتمادَ كثيراً في توظيف تقنيات الإسقاط Projection في أعماله؛ حيث نادراً ما يوظف الفوتوغرافيا أو الفيديو في أعماله المسرحية؛ ولكن جيل الألفية الثالثة هو من سيكتشف ذلك عبر ريبرتوار هذا الفنان الطليعي؛ الذي أثمر منتوجاً بصرياً مذهلاً، كسر ممانعة المسرح إزاء الليف البصري، في مقابل استمرار سلطة التعبير اللفظي لوقت طويل.

لقد جاء الجيل الجديد بعد ويلسون لينتصر بلا مواربة لآلات التصوير والإسقاط، بغية توسيع الممارسات التشكيلية على الخشبة الحية، وتحويل الركح المسرحي من إطار ثابت إلى بلاتوه متحرك، يخترق المسافات والأزمنة.

وأعتقد بأنه قد حان الآن وقت مجابهة السؤال:

- متى بدأ عصر الوسائط الرقمية في المسرح؟

في الحقيقة، تم ذلك في الثمانينيات مع انتشار الفيديو الذي أدخل السينما إلى المنازل والبيوت، فدشن بذلك عصر نهاية الفرجة. كان التلفزيون في الخمسينيات قد بدأ في تكسير التقنية المشتركة بين المسرح والسينما؛ وبعد ثلاثة عقود جاء الفيديو ليعيد النظر جذرياً في تقنيات إنتاج وتوزيع الأفلام عبر هدم السينماتوغراف والتحميض من خلال تقنية VHS التي سهلت إنتاج وتوزيع الأفلام؛ ومن ثم، جعل الصور المتحركة مواكبة للحدث، وهذا مهم جداً؛ لأنه بشيوع برامج تلفزيون الواقع والنشرات الإخبارية المباشرة والحية، ستكتسي تقنيات التصوير سمتها الكونية؛ قبل أن يطيح الرقمي بفكرة الفرجة إلى الأبد، والتي ستصير رماداً مع انفجار قنبلة العصر: الإنترنت.. أبهى وأقوى سند فني على مر التاريخ.

هوامش الباب الثاني:

1 – كاميرا ذات صور فورية كانت تتمتع بجودة ألوان عالية، ذاعت شهرتها في السبعينيات، وبدأت في الاختفاء مع التسعينيات.

2 – نظام تشفير للألوان في التلفزيون تميز وقتها بجودة صورة غير مسبوقة؛ وقد تم استعماله لأول مرة في فرنسا في الثمانينيات.

3 – اختصاراً لـ (Video Home System) وتعني: نظام الفيديو المنزلي.

4 – نقل عن بيكاسو في حواراته الأخيرة ما يفيد بأنه كان من أشد أعداء الفن المعاصر والبوب آرت الذي أعلن عن نفسه في ستينيات القرن المنصرم، إذ اعتبره تلويثاً للفن وإعلاناً عن سقوطه من عليائه؛ بل إنه هاجم بشدة مدارس الصباغة المعاصرة وفي مقدمتها التعبيرية التجريدية في الصباغة الأمريكية بروادها الكبار: جاكسون بولوك، وليام دي كونينغ، جاسبر جونز، جوان ميتشل وغيرهم ممن نعتبرهم اليوم من أعمدة الفن التشكيلي المعاصر بالعالم.

5 – شاع في ثقافتنا باسم مسرح العبث، وهي ترجمة لاصطلاح Théâtre de l'absurde التي استعملها الناقد الإنجليزي مارتن إسلن Martin Esslin لوصف هذه الموجة التي اكتسحت المسرح الأوروبي بعد الخمسينيات، وكان من روادها صمويل بيكيت ويوجين يونسكو في فرنسا، وهارولد بينتر في إنجلترا؛ ولكن التسمية لم تحظ بقبول هؤلاء المبدعين رغم شهرتها؛ إذ اعتبر معظمهم بأن أعمالهم حركة مضادة للمسرح، وليست من العبث في شيء.

6 – تدرس مادة السينوغرافيا في المغرب بالمعهد العالي للفن المسرحي، وليس بالمعهد الوطني للفنون الجميلة، ولا يتم التخصص فيها إلا بعد سلك أول في التكوين العام يتضمن سنتين في كل المواد المسرحية، قبل أن يوزع الطلبة – وأحياناً بتوجيه من الإدارة – على شعب التمثيل أو السينوغرافيا. بمعنى أن

الطالب عندما يلج المعهد لا يكون بالضرورة واضعاً السينوغرافيا كهدف. راجع الدفتر البيداغوجي للمؤسسة على موقع وزارة الثقافة المغربية:

https://www.minculture.gov.ma/?p=4168#.YSN5_jEzaM8

7 – Crakow مــن أقدم مدن بولندا، تقع على نهر فيسـتلا؛ عرفت بفضل معاهدها وبعدهـا عن المركـز ثورة فنية عارمة في القرن الماضـي؛ حيث احتضنت كبار الفنانين المعروفين عالمياً مثل كروتوفسكي وتادوز كانتور، وأيضاً أشـكال الفن المعاصر الذي كان محذوراً بأوروبا الشرقية وقتها.

8 – هنـاك من يترجمها بالحدنوية أو التبسـيطية؛ وهـي حركة في الفن المعاصر ظهـرت في السـتينيات من القرن المنصرم فـي الولايات المتحـدة، كطفرة في التعبيريـة – التجريديـة؛ وقد تميـزت باكتفاء الفنانين بالحـد الأدنى من العناصر والألوان في صياغة أعمالهم الفنية.

9 – Death of the classroom – سينوغرافيا وإخراج: تادوز كانتور. قدم عرضها الافتتاحي بالمهرجان الدولي للمسرح بنانسي سنة 1975م.

10 – فنان أمريكي طليعي من مواليد تكسـاس في سـنة 1925م، هو رائد من رواد الدادائيـة الجديـدة المتأثرة بدورها بالبـوب آرت. تميزت لوحاتـه بحضور طاغٍ للفوتوغرافيا والكولاج، وقد توفي في سنة 2008م.

11 – د. صارم داخل: سينوغرافيا الطقس المسرحي في عروض المسرح العراقي – ترنيمة الكرسي الهزاز نموذجاً، مجلة كلية التربية الأساسية، العدد: 64 – بغداد 2010م، ص 507.

12 – رسام أمريكي طليعي، أسس رفقة زوجته جوديث مالينا فرقة المسرح الحي Living theatre الشـهيرة عالمياً بمزج المسـرح بالهابنينـج والبرفورمانس، وهو أيضـاً رائد حركة المسـرح خارج برودواي. ولد سـنة 1925م بنيويورك، وتوفي بها سنة 1985م.

13 – هـو أشـهر مخرج مسرحي في العالم علـى الإطـلاق، والأكثرجرأة على الابتكار. تعد عروضه المسـرحية والأوبرالية تحفاً بصرية. ولد في تكسـاس سنة 1941م، درس الفنون البصرية والتصميم بأمريكا ثم بفرنسا. لمع اسمه عالمياً سنة 1970م عندمـا قـدم رائعته نظرة الأصم le regard du sourd. إليه يعود الفضل في تحويل الخشبة المعاصرة إلى حقل لتجريب كل أشكال الفن المعاصر.

14 – ولد سنة 1960م في مدينة تشيزينيا الإيطالية، تخرج في معهد الفنون الجميلة

في بولونيا، تخصص في السينوغرافيا. تأثر في بداياته بمسرح القسوة لأنطونين آرطو قبل أن يتجه بتأثير من البوب آرت وأشكال الفن المعاصر نحو البحث في الفضاء المسرحي، بتقديم أعمال مبتكرة لا تعير كثير اهتمام لأنماط التواصل اللفظي؛ بقدر ما تهتم بإنشاء عماد بصري مبهر؛ فقد أحرق آلة بيانو في أحد عروضه بأفينيون، كما قام بتلطيخ عجل بالسواد في أوبرا موسى وهارون. وقد سبق لبينالي الشارقة الدولي أن استضافه في حدث كان هو الأبرز في دورته التاسعة لسنة 2009م.

15 – من أشهر مخرجي أوروبا، يعرف نفسه بكونه فناناً بصرياً في المسرح. ولد سنة 1958م ببلجيكا، وتخرج في أكاديمية الفنون الجميلة بأنفرس. هو أيضاً رسام ومصور ونحات ومصمم إضاءة حاصل على عدة جوائز دولية.

16 – من مواليد 1964م بأثينا؛ خريج مدرسة الفنون الجميلة بها. اشتهر عالمياً بإخراجه المبهر لافتتاح الألعاب الأولمبية بأثينا سنة 2004م. يعد حالياً أهم مصمم للعروض الحية بأرقى المسارح العالمية، التي تمزج بمهارة نادرة فن الرقص بالتجهيز وفن الضوء.

17 – هي ثاني مسرحية تأصيلية يقدمها الطيب الصديقي بعد مسرحية (الحراز). قدم عرضها الأول سنة 1971م، وبعدها جالت معظم العواصم العربية، حيث نالت نجاحاً وإعجاباً من لدن النقاد العرب الذين أشادوا بها. يوجد تسجيل كامل لها على قناة مؤسسة الطيب الصديقي باليوتيوب.

18 – فيلم الزفت، إنتاج المركز السينمائي المغربي 1984م، معد عن مسرحية (سيدي ياسين في الطريق) التي ألفها الصديقي في منتصف الستينيات. نال الفيلم جائزة العمل الأول في مهرجان قرطاج السينمائي.

19 – يوسف الريحاني: الفنون الإسلامية في متحف اللوفر.. ثورة الدين في خدمة الحياة، جريدة هسبريس الرقمية، على الرابط:

https://www.maghress.com/hespress/434615

20 – يؤكد المرحوم العربي باطما، عضو فرقة (ناس الغيوان) البارز، وأحد الذين بدؤوا مسارهم الفني ممثلاً في مسرح الطيب الصديقي، بأن الجولة التي شارك فيها مع هذا الأخير لتقديم عروضه المسرحية التراثية بمسرح سارة برنار بباريس في بداية السبعينيات منيت بفشل ذريع، على غير ما كان يتوقعه صاحبها. راجع: – العربي باطما: الرحيل – الكتاب الأول من السيرة الذاتية، دار توبقال للنشر والتوزيع، الدار البيضاء، 2004م.

21 – Patrice Pavis, La mise en scène contemporaine Origines, tendances, perspectives Armand colin Paris 2010. P : 74.

22 – Ibid, p : 74.

23 – Ibid, p :74.

24 – Luc Boucris, L'espace en scène Librairie Théâtrale Paris 1993. P :9.

25 – سينوغراف ومخرج مسرحي شهير؛ ولد بفرنسا سنة 1963م. تخرج في مدرسة فنون الديكور بستراسبورغ، قبل أن يستكمل تكوينه الفني بإقامات فنية باليابان تشرب خلالها فلسفة الفن المعاصر. أدار استوديو المسرح بمدينة فيتري لثماني سنوات، قبل أن يعين سنة 2017م مديراً لمسرح جونيفيالييه Gennevilliers. أخرج أعمالاً معاصرة تميزت بشفافية الفضاء، كما صمم السينوغرافيا لكبار المخرجين العالميين، وفي مقدمتهم كلود ريجي Claude régy. عمل أيضاً في مجال الكومكس والأشرطة المرسومة.

Luc Boucris, L'espace en scène Librairie Théâtrale Paris 1993. P :9 – 26.

Jean – Marie Pradier, La scène et la fabrique des corps. Bordeaux, – 27
Presses universitaires de bordeaux, 1997, p :18.

28 – ممثلة شهيرة جداً وأسطورة التمثيل المسرحي في ألمانيا الشرقية. ولدت في فيينا سنة 1900م وتوفيت ببرلين سنة 1971م. زوجة المخرج الشهير برتولد بريخت، وظلت تدير من بعده مسرح الأنسامبل ببرلين. اشتهرت عالمياً بأدائها البارع لدور الأم شجاعة، وبكونها نموذجاً لمنهجية بريخت في التغريب.

29 – أشهر أعمال برتولد بريخت على المسرح؛ قدمها قبل وفاته ضمن جولة شملت أعظم مسارح أوروبا؛ وتلقفها نقاد ومفكرو فرنسا بترحاب بالغ، ومن ضمنهم سارتر ورولان بارت، حيث اعتبروها تحفة مسرحية خالدة.

30 – عمل فني – أوبرالي قدم عرضه الافتتاحي يوم 12 مايو 2015م بمستودع قديم للغواصات النووية بمدينة تالين بميزانية ضخمة فاقت العشرين مليون دولار. أنجز حول هذا العرض الرائع فيلم تسجيلي بعنوان (الفردوس المفقود) The lost paradise.

31 – من مواليد إستونيا سنة 1935م، مؤلف موسيقي شهير بموسيقاه الكنسية، التي شكلت مقاومة ناعمة ضد الوجود السوفييتي إبان الحكم الشيوعي، ما عرضه للاضطهاد، ثم الهجرة القسرية إلى فيينا في سنة 1980م، ثم بعدها إلى برلين، حيث

لمع اسـمه كواحد من كبار المؤلفين الموسـيقيين في العالم. يعيش اليوم متنقلاً بين إستونيا وألمانيا.

32 – ضياء يوسف: روبرت ويلسون والتطهير البصري والنفسي بالمسرح، مجلة كينونة، انظر الرابط:

https://www.kynunah.com/post/mas – 0012

33 – عند الحديث عن أزمة المسرح العربي غالباً ما يتم تحميل المسؤولية للسينما، واليوم يتم تعليق الشماعة على الإنترنت. يتكرر هذا في كل الثقافات التقليدية التي ظلت وفية لتقاليد عصر الطباعة، ولم تعزز حضورها ضمن عصر الشاشات.

34 – نـلك كاي: مـا بعد الحداثية والفنـون الأدائية، ترجمة: نهـاد صليحة، الهيئة المصرية العامة للكتاب، القاهرة، 1999م. ص 69.

35 – نفسه، ص 70.

36 – نفسه، ص 70.

Marcel Freydefont, L'art de la scénographie. In La scénographie en – 37
France, AFAA, paris, n° : 62, 15 fevrier 1993 – p : 5.

38 – من أشـهر فناني الفيديو وأحد مؤسسـيه، ولد سنة 1941م بالولايات المتحدة، وبها توفي في سنة 2004م.

39 – ولد بباريس سـنة 1944م، وبها توفي في 14 يوليو 2021م. فنان شـهير جداً باشتغاله في الفوتوغرافيا والفيديو والسينما، وأيضاً بإسهامه في فن التجهيز، ومع ذلك ظل يصر على نعت نفسـه بالفنان التشـكيلي، رغم أنـه هجر الألوان الزيتية وسند القماشة منذ وقت طويل جداً.

40 – أشهر فنان في العالم يبتكر في فن الضوء، توّج بأرفع وسام من لدن الرئيس الأمريكـي بـاراك أوباما. تتركز فلسـفته فـي الفن المعاصر علـى إدراك الفضاء والزمن عبر تحولات الضوء وتشكيلاته.

41 – حياة وموت الصورة، سبق ذكره، ص 221.

الباب الثالث:

ولدت الشاشات.. ماتت السينوغرافيا

«لقد تغير العالم، ولا بد للنظرية أن تتغير»

ألان كيربي Alan Kirby

«لا ينشأ الفكر المعاصر إلا من انهيار التمثيل، من فقدان الهويات ومن اكتشاف كل القوى التي تعمل تحت تمثيل متطابق»

Gilles Deleuze جيل دولوز

«عبر الفوتوغرافيا والسينما والتلفزيون والحاسوب، استطاعت آلات البصر في قرن ونصف قرن من الزمن، وبانتقالها من الكيميائي إلى الرقمي، أن تحتوي الصورة القديمة التي يصنعها الإنسان بيديه. وقد نتجت عن ذلك شاعرية جديدة، أي إعادة تنظيم عام للفنون البصرية، وفي هذه الرحلة دخلنا عصر الشاشة بوصفه ثورة تقنية وأخلاقية لا تشكل ذروة «مجتمع الفرجة» وإنما تعلن عن نهايته»

Régis Debray ريجيس دوبري

الفصل السابع

استنفاد التمثيل.. نهاية الفرجة

الصمت مهيمن، ولكن النسيان هو المتوقع؛ ليس بسبب حجر صحي عابر فرضته خلال السنتين الأخيرتين جائحة كورونا التي بسببها أُغلقت قاعات العروض، وتعطلت معظم مسارح العالم، ولكن لقساوة التغيرات الكبرى التي تمس وجودنا ذاته خلال الموجة الثالثة للحضارة (ما بعد التصنيع). مر اليوم العالمي للمسرح لسنة 2021م كطيف شكسبيري لم ينتبه إليه أحد؛ والواقع أن هذا الحضور الباهت لأبي الفنون في مجتمعاتنا العربية يمتد ليشمل العقد الأخير من حياتنا بكامله؛ خصوصاً بعد شيوع مواقع التواصل الاجتماعي؛ فهل هنالك من شك في هذا الاختفاء للمسرح – على الأقل بشكله التقليدي – في حياتنا المعاصرة؟.. قطعاً لا، وإنما الشك في: هل فهمنا في البلاد الناطقة بالعربية حقيقة ما يجري، حتى نعيد لفنون الأداء بهاءها وهالتها التي لا تزال تشع في مسارح العالم المتقدم، لكن دعنا نتساءل أولاً: أمن الضروري أن نجتر درس دوبري Debray حول العصور الثلاثة للمعرفة والتواصل؟

قبل التدوين الذي هو العصر الأول، كان الشفهي هو الوساطة

والرسالة؛ حفر الأوائل معارفهم في الذاكرة الجمعية وتناقلوها شفهياً؛ وثقافاتنا العربية لم تخرج عن هذا الوضع حتى نزول القرآن الكريم الذي كان سبباً في ظهور عصر التدوين العربي. الحضارة الإسلامية برمتها لم تكن سوى منجز من منجزات عصر الإنتاج الخطي Logosphère الذي امتد من الحضارة الإغريقية وحتى ظهور الطباعة في القرن الخامس عشر ميلادي؛ لذلك فقد كانت بتعبير محمد عابد الجابري حضارة فقه وشعر؛ أما بعد ظهور الطباعة، فاستوى عصر جديد هو عصر الكتابة Graphosphère والتعبير عن الذات؛ أي: الزمن الذهبي للتمثيل (التشكيل والمسرح والبرلمان). كان العصر الأول عصر الإمبراطوريات والحق الإلهي في الحكم، أما الثاني فصار عصر الجمهوريات وبداية تشكل الديمقراطيات. من هذا المنطلق، سنفهم جيداً لماذا كانت الحضارة الإسلامية مبهرة في منجزها اللغوي على وجه الخصوص؛ ومن التعسف تحميلها عبء تحقيق إنجاز مماثل في أشكال التمثيل المستجدة بعد العصور الوسطى؛ هذا كان مستحيلاً لأنها كانت ابنة شرعية للعصر الأول؛ ولم يقيض لها أن تختبر العصر الثاني للمعرفة إلا في وقت متأخر جداً؛ وفي ظروف لم تسمح لها بالتحرر المطلق من سلطة عصر الأول.

ـ هل عرف المسلمون فن المسرح قديماً؟..

هذا هو أذكى وأغبى سؤال في الوقت ذاته..

مع ظهور التلفزيون في منتصف القرن الماضي، سيبدأ العد العكسي لنهاية عصر الطباعة. لقد تنبأ مارشال ماكلوهان بموت

الجريدة الورقية في الستينيات؛ لأنه صاحب القولة الشهيرة: الوساطة هي الرسالة Le médium¸ c'est le message، ومن ثم، فميلاد الشاشات سيعصف بكل مفاهيمنا عن المعرفة، وأشكال التعبير الشائعة؛ بل وبطبيعة وجودنا ذاته. ألم تتحقق نبوءة هذا العبقري صاحب كتاب (مجرة غوتنبرغ) مع شيوع الفضائيات؛ ثم الإنترنت؛ وجاءت المنصات الرقمية لتهيل التراب إلى الأبد على الشاشة بالمفرد، لصالح الشاشات بالجمع. غير أننا كجماعة ناطقة بالعربية لم نقر بهذه الحقيقة إلا بعد أن عصفت بنا جائحة كورونا التي أرغمتنا على إعادة النظر في وساطات تقليدية استنفدت أدوارها، فيما بقينا نصر على تأبيد وجودها الذي لم تعد له من جدوى.

نحن نوجد اليوم في قلب عصر ثالث؛ هو عصر الشاشات Videosphère واكتساح الديمقراطيات التشاركية؛ وذلك بعد انتهاء صلاحية عصري الخطاب Logosphère والكتابة Graphosphère؛ وعصر الشاشات هذا لا يعني أكثر من تحويل المعارف إلى شيفرات تواصل سمعي – بصري/ تشاركي؛ لذلك وحدها الشاشات الوسيط القادر اليوم على تلبية حاجتنا للترفيه والتثقيف: ألعاب فيديو/ إعلانات/ شريط أخبار لا يتوقف / مواعظ دينية/ أفلام/ طرائف/ موسيقى .. ما يمحق إلى الأبد كل حاجة أو حنين إلى الفرجات الحية.

الشاشات اليوم هي الوسيط، والوساطات هي الرسالة.. ألا يعرض واتساب نفسه كخشبة Scène افتراضية بديلة، وسند Support فني جديد..؟

لكن، من منا لا يبدي حنينه للفرجة – الحية: فنانين؛ أدباء وحتى

سينمائيين.. في عالم تكتسحه الآلات، ليبدو وكأنه يدير الظهر لكل تواصل مع الجمال الذي كان عماده الوساطة المادية ومهارة اليد. تحولت أشكال التعبير في العقد الأخير من مجرد عرض كتابي/ شفهي/ بصري إلى استعراض افتراضي مبهر يعتمد تحقيق الحدث Buzz؛ كما تباعدت المسافات بين الفنان والجمهور لتصير مفرطة في الافتراض، هو عصر لا نتصور فيه قيام علاقات إنسانية: (صداقات/ تسوق/ عشق/ معاملات/ حميمية..) خارج الشاشات؛ فكان ضرورياً تبعاً لذلك أن تتغير مفاهيم من قبيل: التراث واللغة والتمثيل؛ مثلما تحولت فيه وظائف التعبير التي لم تعد تعتمد بالضرورة على المحاكاة، وهذا مهم جداً، لماذا؟.. لأن ما يفرض اليوم أفول العرض الحي لصالح العرض عن بعد أو الاستعراض الافتراضي ليس جائحة كورونا التي ستنتهي بالتأكيد، ولكن ما يفرض الواقع الجديد هو انتهاء مفهوم التمثيل في الفن إلى غير رجعة، لصالح مفاهيم جديدة مثل: الزيف Simulacre والتصنع Simulation .. جمهور اليوم يعشق كل ما هو مزيف ومصطنع؛ وولاؤه لكل ما هو افتراضي، دون أدنى ميل لما هو واقعي وحقيقي.. لفظة (حقيقي) ذاتها صارت معادلاً لكل ما هو مزيف وموهوم. لذلك فالعرض حتى ولو تجسد بشكل حي Live، فلن يكون بوسعه سوى أن يتحقق عن بعد. كيف؟.. لقد اكتسحتنا الشاشات حتى طرأ تقليد جديد: هواتف تغزو المسارح، وجماهير مهووسة بما تنقله شاشاتها لا بما يعرض على الخشبات بشكل حي.. لأنها أضحت تفضل الصورة على الشيء، والنسخة على الأصل، والوهم على الحقيقة. ماتت الفرجة لأننا انتقلنا من واقعية التمثيل

‒ اللوحة (أحادية البعد) إلى سحر الشاشات ‒ الاستعراض (كلية الأبعاد). (انظر الصورة 21).

ما الذي يعنيه موت الفرجة ‒ الحية؟.. اختفاؤها التام؟.. لا؛ فهي لا تزال تقاوم ولكن في الظل.. موت الفرجة معناه أنها لم تعد بؤرة تحولات مجتمعية ومركز تأثير في الرأي العام الذي انجذب لوساطات أخرى.. لكن في أعرافنا الثقافية بالبلاد العربية، لا يزال المسرح مصراً على تقديم نفسه ضمن شروط إنتاج بائدة لم تعد تثير اهتمام أحد، وهذا حال كل الصناعات الإبداعية البائدة التي ترعاها معظم وزارات الثقافة لدينا؛ خصوصاً في العواصم التقليدية للدولة الوطنية التي انتهت مع الربيع العربي؛ طبعاً مع استثناء العواصم الجديدة التي تحتضن ممارسات فنية معاصرة وبنيات ذات سمعة عالمية مثل دبي والشارقة وأبوظبي؛ وأتصور مستقبلاً القاهرة الجديدة ومشروع تهيئة وادي أبي رقراق في الرباط.. انظروا إلى الحالة البئيسة التي انتهت إليها مثلاً الرواقات التاريخية للفن التشكيلي العربي الحديث؛ والتي صارت مقبرة للإبداع، بعدما كانت مشتلاً للتشكيل الحديث في القرن الماضي؛ خصوصاً إذا وضعناها في مقابل بيناليهات جديدة للفن المعاصر ومهرجانات للابتكار في الفنون الإسلامية؛ وانظروا أيضاً إلى كساد صالات السينما والمسارح القومية التي لم تعد قادرة على الاستمرار من دون الدعم العمومي. ينصرف المواطن العربي اليوم عن المسرح، ولكن هل توقف عن مشاهدة الأفلام؟.. داخل القاعات ممكن، ولكن ليس عبر المنصات الرقمية التي تضاعف مشتركوها.. فالعرب الذين كانوا يقضون خمسين ساعة سنوياً أمام

الشاشة الصغيرة في القرن الماضي، صاروا يستهلكون اليوم أكثر من ألفي ساعة أمام الشاشات.. انصرفوا إذن عن الوساطات التقليدية للفرجة القائمة على التعبير اللفظي، لكن لصالح أخرى افتراضية.

لكن وعلى غرار السينما التي أعادت طرح نفسها في لبوس جديد عبر المنصات الرقمية؛ فإن المسرح بدوره ماكر وقادر على إعادة اختراع ذاته عبر وساطات مغايرة؛ هذا في حالة ما إذا نجح في استقطاب الفنان البصري الذي يستطيع إعادة تنظيم الفضاء وتقديمه ضمن شروط إنتاج بعيدة عن (التمثيل) الذي هاجر إلى مساحات أخرى أوسع؛ الفنون البديلة لا يمكن أن تصير عنصر جذب من دون أن تتحول إلى إسقاطات بصرية تتوسطها الشاشات وتغذيها الصور؛ إذ ذاك قد يشكل المسرح أبلغ قصيدة أبدعها إنسان القرن الواحد والعشرين.

في الحقيقة، لا يزال الكثيرون على اعتقاد جازم بأن العرض عن بعد ظاهرة مؤقتة مع استمرار وباء كورونا في الانتشار، وستختفي حتماً بمرور الجائحة، ولكن التاريخ يعلمنا أن كل استثناء تفرضه كارثة ما، يصير بعد انتهائها هو القاعدة.. لن ينتهي العرض الافتراضي بانتهاء (كوفيد 19)؛ بل هو قد بدأ للتوّ كجوهر للصناعات الإبداعية البديلة؛ خصوصاً بعد أن اكتشفنا فيه ميزتين أساسيتين: ترشيد النفقات والقدرة على الجذب؛ لذلك فالنفي الحقيقي للفرجة التمثيلية هو وحده من سيمكن من الحفاظ على جوهر الفنون الحية في عالم تغير فيه مفهوم الفن والثقافة للأبد.. لنستوعب الدرس جيداً: لم تمنع زعامة عادل إمام من سقوط مسرحية (بودي جارد) على منصة شاهد سقطة مدوية؛ فأثبتت بذلك فشل الشكل التقليدي للفرجة

في مسايرة عصر متجدد.. ألا يتطلب ذلك كله شجاعة لإعادة النظر في كل شيء يتعلق بتنظيم الخشبات الحية؟

– كيف تحقق فنون العرض المسرحي حضورهـا اليوم في مجتمعات الويــب والتكنولوجيات الجديـدة؟.. وما المسـاحات المتبقية للممثل – الحي في ظل الهجوم الكاسـح للرقمي؟ وهل لا يزال لمناهج التمثيل في مجتمع الشبكات La société en réseau نفس بريقها في مسارح ما قبل الإنترنت؟

تقتضي مثل هذه الأسئلة الوقوف بالضرورة عند وضعية التمثيل الراهنة بفعل تدخل الوسائط الرقمية في تنظيم حياتنا المعاصرة؛ فقد أضحى يوتيوب وفيسبوك وإنستغرام بمثابة سند افتراضي لتحويل المعطيات الحياتية إلى لغة تمثيل – تشاركي/ حبة، تجسد الآلة فيها وسيطاً بيننا وبين استعادة وتمثيل الواقع في شكل سمعي – بصري فائق التحسين. تغيرت بسبب هذا المعطى مفاهيم من قبيل: التمثيل والمحاكاة والفرجة؛ وأعيد النظر بشكل جذري في طبيعة الفنون التناظرية (تشكيل/ مسرح/ أدب..) والتي كانت عماد عصر المطبوع Graphosphère بغية ملاءمتها وطبيعة عصر الشاشة Videosphère.

هو «الاستعراض» إذن وليس «الفرجة» ما يصنع فنون الأداء في المجتمعات المعاصرة؛ الاستعراض Spectacle يحيل على الانفلات الذي يميز هذه الحياة الجديدة، بحيث يجعل ما هو معيش مباشرة، منفصلاً عن نفسه عبر تحوله إلى صور وتمثلات بصرية، في حين قامت «الفرجة» التي شكلت عماد سند العرض الحي حتى العصر الحديث على مفهوم التمثيل والانعكاس؛ إذ كانت تعيد تمثيل

حالات وأدوار اجتماعية بسلوكات أشخاصها وتعقيداتهم النفسية وصراعاتهم السياسية، مثلما عكست من حيث تكوينها البنيوي سياقها السوسيوثقافي الذي أفرزها، والذي اتسم بالخصوصية والمحلية. الاستعراض البصري إذن هو لحمة علاقات اجتماعية عالمية تنحو نحو توحيد منظومة القيم الكونية؛ علاقات كونية تتوسطها الصور.

الاستعراض دون محكيات ولا سرديات هو جوهر فنون الأداء التي ليس ضرورياً أن تتشكل انطلاقاً من حوارات مدونة أو سيناريو جاهز؛ فالتصوير ومنتجة الصور Montage وتحسينها Traitement d'image وطرق إسقاطها Projection وابتكار حواملها Support هو الأهم؛ حيث المؤدون يحققون المرور من وإلى الصور وهم واعون تماماً بأنهم محل تصوير، ما يمنعهم من أين يكونوا طبيعيين وواقعيين.

يشير إيف ميشو Yves Michaux إلى حقيقة بليغة مفادها بأنه «في سنة 2001م التقطت 86 مليار صورة كان أغلبها ورقياً، وفي سنة 2012م التقطت 850 مليار صورة أغلبها ظل رقمياً ولم يتحول أبداً إلى ورق، بل وضع في الشبكة وأرسل إلى الأصدقاء»[1].. هل بقي التأثير هو ذاته؟.. بالتأكيد لا، لأنه في الحالة الثانية أعطت الصور انطباعاً عن واقع عابر ومعالج، مؤول ومزيف، وليس كما كان عليه الأمر من خلال الفنون التقليدية كالرسم والنحت والتمثيل اللفظي والفوتوغرافيا التناظرية؛ فلقد قضى الفوتوشوب على نقطة المدى[2] Punctum؛ وانتقلنا بتعبير ميشو Michaux من مجتمع الندرة في الصور، إلى مجتمع يرزح تحت نير وفرة الصور[3] وسيولتها؛ وتلك هي السمة الاستعراضية لمجتمع الشبكات الجديد الذي نحياه اليوم.

بفضل هذه السمة الاستعراضية تمكنت المسارح المعاصرة من الحد من الامتيازات التي طالما حظيت بها الكلمة، وهذا معروف للجميع، ولكن أيضاً الحد من المكانة التي استأثر بها التمثيل، وهذا ما يخشاه الجميع؛ بحيث أسهم العصر الذي نحياه، والذي تعرض لطغيان كاسح للشاشات في تمكين فنون الأداء من إخضاع فكرة التقمص اللفظي للشك. لا نعني بذلك أن الخشبات الجديدة تلغي الكلمة بالمطلق وتقفز على النص، بل تأخذ الكتابة فيها منحى مغايراً ومختلفاً يسميه روبرت ويلسون Robert wilson بالهندسي أو المعماري الذي لا تتوقف المساحات داخله عن التقلص.

النص هو شاشة أفقية تتقارب داخلها كل المسافات، ويختفي فيها العمق بمعناه الرمزي والهندسي معاً؛ وهذا هو الأقرب إلى ثقافتنا الأدائية المغمورة بالصور، والتي تلعب فيها التقنية دور الوسيط. صارت الكتابات الجديدة أكثر تعقيداً من الشكل البسيط الذي كانت تبدو عليه نصوص المسرح من حيث البنية والمكونات؛ فلقد طغى التعليق الذي قرب بعض العروض من المحاضرات[4]، وانتفت الإرشادات المعهودة وحلت محلها رسومات وتصميمات (نصوص جان فابر Jan Fabre نموذجاً)؛ ذلك أن الطبيعة الاستعراضية الجديدة لفنون الأداء هي التي صارت سلعة وموضوعاً للاستهلاك؛ وليس العمل الفني في حد ذاته الذي قد يضمحل أحياناً في صوره المادية ليتبدى في مجرد أداء بصري من دون ممثلين في أحيان كثيرة (شذرات صمويل بكيت Samuel Beckett مثل رباعي Quad وأنفاس Souffles نموذجاً).

إن ما تقدمه المسارح المعاصرة اليوم من استعراضات مبهرة

ومحاضرات تفاعلية، وعروض بصرية خالية تقريباً من الإلقاء اللفظي، وأوبرا.. لا يمكن فهمه باعتباره الواقع، ولا حتى صوراً عن هذا الواقع الذي توارى واضمحل؛ وإنما هي صور تولدها الوسائط البصرية عن الواقع الافتراضي؛ وهذا عينه ما اصطلح عليه بودريار بـ: السومولاكر.

خضوع المسرح المعاصر لمدار السومولاكر Simulacre الذي تحل فيه النظائر محل الأصل؛ في عصر يمقت الشيء في نسخته الوحيدة؛ دفع بفنون الأداء لتصير حقل تجارب لفنانين بصريين بالأساس يمارسون فيه مختلف أشكال الاستنساخ والتصاميم والإنشاءات الفراغية Installation والهجوم الضاري للعدسات، وأجهزة عرض الصور الثابتة والمتحركة بتقنية رباعية الأبعاد 4D؛ بحيث لم تعد معها الصور في حاجة إلى حوامل تقليدية؛ فكان ذلك بمثابة القوة الناسفة للدوجمات المشكلة للمسرح حتى عصره الحديث. ولأنه بذلك يكون قد نبذ الواقع وارتبط بجوهر حقيقة العصر/ الوهم، فقد تمكن المسرح أخيراً من أن يستعيد روحه المفقودة، وأن يرسخ حضوره بفضاء الحاضرة Métropole ؛ ففي النهاية لم تعد المدينة مجرد مختبر فعال للتجريب الفني في عصر ما بعد الحداثة المتأخرة، وإنما صرنا نتطلع إلى مدن مدعمة بالانتقال الذكي، أو مبدأ الاستهلاك الكفء للطاقات، والاندماج المجتمعي عبر التكنولوجيا، ومن ضمنها التقنيات الرقمية بالخصوص؛ ربما هذا ما يفسر تراجع دور مدن عربية، مثل: القاهرة وبغداد ودمشق وبيروت والجزائر كان لها في السابق دور مركزي في نشوء الدولة الوطنية الحديثة إبان القرن المنصرم، ولكنها تواجه اليوم صعوبات جمة في التحول إلى

مدن ذكية؛ وكان هذا التراجع لصالح حواضر جديدة كأبوظبي ودبي؛ بحيث صار بعضها يتربع ضمن أفضل مائة مدينة عالمية[5].

نعيش اليوم ما بعد نهاية مجتمعات الفرجة بتعبير ريجيس دوبري؛ فقد انتهى إلى غير رجعة تسيد «التمثيل» على أشكال التعبير الحية، في عصر رقمي تفاقم فيه انفصالنا عن الواقع. أين هو التمثيل اليوم؟.. يستبيح حمى أخرى كالسياسة والإعلام. فقد صار مألوفاً أن تمثل القلة الكثرة وتقرر باسمها ما تشاء؛ من حكومة تمثل شعباً إلى مجلس ينوب عن كل العالم.. القلة تمثل الكثرة في ظل منظومة من الانفصالات بتعبير بيار مانان: (انفصال السياسة عن الدين/ التشريع عن القضاء/ الدولة عن المجتمع المدني/ الوقائع عن القيم). صار مألوفاً أن يلخص إعلامي واحد محتوى قناة برمتها، لأنه يمثل الملايين المنبهرين به حد الانقياد؛ أما آخرون فيديرون لوحدهم قنوات بديلة في اليوتيوب Youtube بأسلوب One man crew جمهورها بالملايين.. أتاحت الإنترنت للإعلاميين فرصة منافسة نجوم السينما والتفوق عليهم ليس في الشهرة فحسب، ولكن أيضاً في مادة التمثيل نفسها التي وسعوها وحسنوها فنجحوا في اقتناص ملايين المشاهدات وتحولوا إلى مؤثرين في الرأي العام.

تضرب نتفليكس Netflix نموذجاً فريداً للفرجة الذكية؛ إذ عوضت الخشبة Scène بـ: المنصة Plateforme ما طرح منافسة غير عادلة مع الفرجة التي هي بمثابة لوحة Tableau دون عمق؛ والمطلوب في ظل البدائل القوية للشاشات خلق انفتاح داخل هذه اللوحة لتحويلها إلى بلاتوه بتعبير دولوز، تماماً كما يحدث اليوم في مسارح العالم المتقدم.

– هل تصميم خشباتنا العربية الحالي فاشل ومفتقد الابتكار؟..

نعم وبـ«البونط العريض»، والسبب لأنها مفصولة عن منجزات الفن المعاصر، وبعيدة عن الذكاء الرقمي؛ في عصر اتحدت فيه السرعة بالذكاء؛ والإبداع بالبصر؛ وصار ما يشد الجمهور هو إقامة علاقات اجتماعية وثقافية وتبادل خبرات جمالية داخل الشاشات؛ وحتى من دون مغادرة المقعد؛ وأي تصلب في الرأي سيكون كتصلب الشرايين: أول طريق نحو موت يستحيل تفاديه إكلينيكياً من دون إزالة الانسداد والتجلطات؛ وأحياناً قد ينتهي الأمر بالاستئصال.

هنالك خلل في المفاهيم الفنية: أي كيف يتصور الفنان العربي شكل الفرجة في زمن الرقمي – الكوني؟ وهناك أيضاً خلل كبير في الاستراتيجيات: شكل البنيات الفنية التي ننشئها ضمن البرامج الوطنية للتنمية البشرية، والتي يبدو أن بعضها غير قادرة على تطوير واستقطاب فنون ذكية.. وهناك أيضاً خلل في الإدارة: خطة تسيير هذه الفضاءات وتأهيلها حتى تنخرط في سوق الفن؛ فالثقافة والفنون هي في النهاية استثمار تجاري بالدرجة الأولى..

الجماهير التي تسلت في السابق بالفرجات الحية لم تعد متحمسة لذلك اليوم، في عصر جديد هيمنت عليه الشاشات، وتنوعت فيه المنصات الرقمية؛ لذلك لا طائل من مطالبة هذه الفرجات ولو بربح معنوي: مواطنة معاصرة مطابقة للمرحلة التي نحياها، وثقافة ذات قيمة كونية تؤهلنا للتواصل مع العالم؛ ذلك كله لم يعد بمقدور المسرح العربي بشكله القديم تحقيقه.

الفصل الثامن

الهولوغرام أو ما بعد تمركز اللغة

يقدم الثنائي الكندي ميشيل لوميوه Michel Lemieux وفيكتور بيلون[6] Victor Pilon اشتغالاً فنياً يحقق النذور الأفلاطوني في صور مبتكرة، تهجر يوماً عن يوم أصنام المسرح البائدة، ودوغمائياته المبتذلة التي غرقت في يم التكنولوجيات الجديدة والوسائط الرقمية، التي بدورها غيرت من طبيعة المعرفة وطرق إنتاجها وتقبلها. تنقلنا أعمالهما الضخمة إلى أبعاد رباعية 4D تجعلنا نخترق أنفسنا، لنوجد في أماكن متعددة في نفس الوقت. تموج منصة المسرح لديهما بكائنات طيفية من صنع الهولوغرام، تخترق أخرى مجسدة من لحم ودم؛ ومجرد هذا المرور للافتراضي بالواقعي، يجعل العمل المسرحي برمته لاواقعياً بالمرة. فكرة التوهيم في أعمالهما مبهرة جداً، لأن كل شيء يتشكل كسراب؛ بدءاً بالمناظر الضخمة التي تتغير أمامنا في لمح البصر وكأنها سحر، أو تلك الأمطار التي تهطل فوق رؤوسنا من دون أن تبللنا، أو ذلك الحصان الجامح الذي يخترق الخشبة، ويركض في اتجاهنا فنحسّ بوقعه ونقعه، من دون أن يكون الإمساك به ممكناً.

بدأ هذا الثنائي اشتغاله في المسرح خلال أواسط الثمانينيات:

العقد الذي صنع كل الأفكار التي نحياها اليوم: (الهواتف النقالة/ ألعاب الفيديو/ الموسيقى المحمولة/ القرص المدمج/ الحواسيب المحمولة...)؛ وقد أعلنا معاً تمردهما على دوغما الملفوظ منذ البداية؛ حيث بدأ منذ وقت مبكر في الاشتغال على أعمال متعددة الوسائط برغم محدودية أجهزة تلك الفترة، التي كانت تعمل بالنظام التناظري، لكن عروضهما تطورت كثيراً مع مرور الزمن، حيث لم تطل فترة التسعينيات وإلا كانا قد تمكنا أخيراً من استخدام الهولوغرام بشكل متقن، في أكبر حدث عالمي عرفه تاريخ المسرح المعاصر.

«إيكاروس» Icare هي واحدة من أرقى تجارب المسرح المعاصر في شكله المتجدد، الذي يقوم على إعادة تمثيل التراجيديا الإغريقية برؤية معاصرة تعتمد تقنيات رباعية الأبعاد 4D تيسر شفافيتها الوصول إلى الواقع الافتراضي. حضور الممثل يقوم في هذا العرض المبهر على المضاعفة والتعدد عبر استخدام الهولوغرام، الذي يسهم إلى حد بعيد في فك الارتباط بالسلط المؤسساتية، وبالحكايات الكبرى في ثقافتنا الكونية؛ مثلما يمتلك قدرة غير مسبوقة على اختراق الأسوار والوجود روحياً في صورة ليزرية.

تحكي هذه الأسطورة اليونانية قصة «إيكاروس»، الذي كان محتجزاً مع أبيه في متاهة جزيرة «كريت»، عقاباً لهما من «مينوس»، ملك الجزيرة. ولأجل الهرب استعانا بأجنحة ثبّتاها على ظهريهما بالشمع. وأثناء التحليق، يتجاهل إيكاروس نصيحة والده

ويقترب من الشمس التي أغرته بعظمتها، فيكون مصيره أن يسقط صريعاً بعد أن أذابت الأشعة الشمع المثبّت لجناحيه.

اختار المصممان لتقديم هذا الأداء البصري المذهل مساحة الخشبة الإيطالية المعتادة؛ غير أنهما تمكنا من استغلال الفراغ بشكل غير مسبوق؛ عبر اعتماد التصوير التجسيمي، والاستعانة ببرامج متخصصة تمكن من وصل الحواسيب بأجهزة العرض رباعية الأبعاد، دون الحاجة إلى الشاشة كسند L'écran comme support، لذلك ومنذ البداية، ينبهر الحضور بمشهد إيكاروس محلقاً نحو الشمس بجناحين افتراضيين مشكلين بصرياً من هالة مشعة وسط سواد؛ ما خلق إيهاماً بجسد مجنح يخترق السماء. (انظر الصورة 22).

بفضل هذه اللوحة الافتراضية التي اعتنت بعنصر التزمين Timing؛ يصير جسد المؤدي طبقة خارجية مضيئة Ectoplasme، ما يعني نهاية جماليات الممثل وانتصار الوسيط، ومن ثم، تنتهي مثل هذه الجراحة الليزية للفضاء العاري التي قام بها هذان المبدعان إلى الإطاحة بما تبقى من التصنيفات والمدلولات، وما تبقى من المعاني؛ حيث يكتفي المتلقي بالحد الأدنى في مقابل فرط في الإشباع البصري. لقد حول الهولوغرام الممثل على طبقات من أشعة، ما جعل التوهيم كاملاً ومكتملاً، والأهم مبهراً.

بخلاف السينوغرافيا التي ظلت تعتمد حتى في أشد صورها راديكالية على الاشتغال بالمواد والكتل الواقعية التي تحتل مكانها

عينياً داخل المساحات؛ فإن الفضاء الافتراضي بفضل الهولوغرام يتحول إلى حقل استهراب للرسم والتشكيل اللاواقعيين، والقادرين على اختراق كل شيء بما في ذلك الزمن، وهذا بفضل سمتهما الطيفية؛ ولا يعني ذلك بتعبير بودريار Baudrillard سوى: «نهاية الجمالية وانتصار الوسيط»[7].

قيمة المعاصرة في «إيكاروس» Icare تكمن في طرح مبدأ الأصل؛ حيث التمظهر الأدائي وسياسة التمثيل تنجلي في تعدد النسخ؛ ففي النهاية ليس التفرد سوى وهم في مجتمعات الاستهلاك والآلات التي تعيد إنتاج الشيء نفسه ملايين المرات؛ وهذا واحد من أسباب النجاح الجماهيري الكبير لهذا العرض الذي يذكرنا بحلم بريخت في أن تصل جماهير المسرح إلى مستوى جماهير الملاعب الرياضية. لقد تحقق ذلك بالفعل مع هذا الثنائي ذي الصيت العالمي، الذي تمكن من تقديم أعمال ضخمة بفضاءات السيرك، كما في عملهما الرائع بتعاون مع سيرك الشمس العالمي توروك Toruk والذي هو إعادة مسرحة مبهرة للفيلم الشهير أفاتار Avatar لا تزال تقدم بانتظام أمام مئات المتفرجين الذين يحجزون تذاكرهم بأسابيع كاملة قبل الموعد.

– من التمثيل إلى الاستعراض:

هي الصيغة التي تلخص جوهر العمل المعاصر لهذا الثنائي الكندي الذي يؤشر إلى انتقال جمالي من السؤال التقليدي: (من يتحدث؟ من يمثل؟) إلى أسئلة مبتكرة متعلقة بالفضاء (طبيعة الموقع)، والجمهور (طبيعة المشاهد)، والتسليع (من يتحكم؟)؛ بحيث لا يمكن للمنظورات

التقليدية ذات الفهم الضيق لطبيعة المسرح من استيعاب التحولات التي تحققها هذه الاستعراضات التي تخترق جدران القاعات الإيطالية إلى الفضاءات العمومية، وهو حال العمل ما قبل الأخير لهذا الثنائي الكندي المسمى «ذاكرة مدينة» Cité mémoire.

في هذا العمل الملتبس الذي يقف بين تخوم الفنون الأدائية وفن التجهيز والإنشاءات الفراغية وفن الفيديو التفاعلي معاً، تتحول مدينة مونتريال Montréal بأكملها إلى خشبة مفتوحة في استعراض Spectacle هائل لافت للنظر، أعاد للمسرح المعاصر زخمه وروحه ومركزيته داخل فضاء المواطنة، وباعتماد وسائط جديدة تقف شاهدة على أفول جسد المؤدي الحي، وتسمو فيها بالمقابل الصور الحية والمتحركة التي تصير حقلاً يتداخل فيه ما هو بصري بما هو لغوي عبر ممارسات فنية غير مألوفة. هي لوحات معروضة بدقة عالية وبأحجام عملاقة على سند غير تقليدي: (واجهات العمارات/ أشجار/ أرصفة عمومية/ جسور عملاقة..) توثق ذاكرة مدينة مونتريال. العمل غير المسبوق كان نتاج رغبة ملحة لسرد تاريخ مدينة بأسلوب شاعري، كما يصرح بذلك ميشيل لوميوه Michel Lemieux على موقع هذا الفريق الإلكتروني[8].

بدأ هذا الثنائي عمله سنة 2016 باستغلال محدود لواجهات بعض الأحياء الخارجية، محولين إياها إلى سند للعرض التفاعلي، ثم تحول هذا الاشتغال مع شتاء 2017م من الفضاءات الخارجية نحو بعض الأمكنة الداخلية، مثل فندق فيرمون ـ الملكة إليزابيث، وذلك لأسباب تتعلق بسوء الأحوال الجوية والبرد القارس، ومنذ ذلك الحين، ظل

هذا الاشتغال السينوغرافي في صيرورة حتى عم معظم الفضاءات الخارجية لهذه الحاضرة في ربيع سنة 2018م.

في هذا العمل الشذري، سنجد لوحات توثق للأغنية الخالدة «فراش من أجل السلام»[9] لمؤسس فريق البيتلز The Beatle جون لينون مع زوجته يوكو؛ حيث اعتصم هذا الثنائي الشهير في غرفة نومهما أمام مرأى الصحافة والزوار الذين كان يتم استقبالهم كل يوم من التاسعة صباحاً وحتى التاسعة ليلاً؛ في أداء غنائي خالد يوثق لحقبة البوب ميوزيك في نهاية الستينيات؛ وهناك أيضاً لوحة النهر التفاعلي الذي يربط ساحة المدينة بفندق فيرمون – الملكة إليزابيث، إضافة إلى صور معروضة على الأشجار والجسور والحدائق العمومية لنحو 375 وجهاً من أعلام المدينة؛ بما مجموعه 156 لوحة تفاعلية معروضة بأهم المعالم الخارجية، تتحرك وتصدر أصواتاً حية جاعلة من المكان برمته فضاء للاستعراض المبهر. (انظر الصور 23 و24 و25).

هناك في هذا الاشتغال المعاصر الذي يعتمد تقنية الإسقاط المعروفة بالمابينغ Mapping استلهام واضح من تجهيزات الثنائي كريستو Christo وجان كلود Jeanne Claude المشهورين بتغليف المعالم الضخمة؛ وخاصة شق خط هروب بالفن من الفضاءات الداخلية (الرواقات والمتاحف) نحو الطبيعة الخارجية عبر تحويلها إلى متحف مفتوح، مما أسهم في التحسيس بالفنون المعاصرة وإيصالها حتى لأولئك الذين لم يهتموا مطلقاً بالفنون.

لم يكن هذا الثنائي الكندي في هذا العمل في حاجة إلى ممثلين لابتكار مسرحهم المتفرد والمتعدد الوسائط، بقدر ما كانت حاجتهم

ماسة إلى مفردات من التاريخ وتقنيات التصميم البصري، وخبرة بالكرافيزم وهندسة الصورة التفاعلية؛ مع التوسل بأجهزة العرض المبتكرة التي تقاوم الضوء الخارجي، وتضمن جودة الصوت والصورة؛ بحيث يشعر المارة وكأنهم جوليفر Gullivers في بلاد العمالقة (بلاد العجائب والسحر).

ما قام به الثنائي لوميوه – بيلون Pilon – Lemieux كان بمثابة هدم جدران الكهف الذي سُجن المسرح فيه لعقود طويلة، ومحاولة لفك الانسداد الذي وقع فيه المسرح الكيبيكي خلال الثمانينيات، وأدى لهجران الجمهور لقاعات العروض وقتها؛ وذلك بفك الارتباط مع سلطة الاعتقاد الواهم باقتران المسرح بالتمثيل وبالكلمة وبالمقدس؛ قيمة هذا الثنائي أنه حرر المسرح المعاصر من كل مضمون أيديولوجي رامين إياه في يمّ الميديولوجيا والإنترميديا؛ حيث لا سلطة إلا للهامش، أي وسائط بصرية جديدة تنبذ التشيع الأيديولوجي وتمركز الأقطاب والطابع الأفقي لصناعة العرض الذي طالما وسم المسرح في عصوره الماضية مانحاً سلطة لامحدودة لصاحب الكلمة. لقد عوضا الخشب Scène بـ: المنصة Plateforme؛ والتمثيل بـ: الأداء؛ والمحاكاة بـ: السومولاكر؛ والفرجة بـ: الاستعراض.. الفرجة التمثيلية على الخشبة كانت بمثابة لوحة Tableau مسطحة؛ والمطلوب في ظل البدائل القوية التي تطرحها الإنترنت، خلق انفتاح داخل هذه اللوحة لتحويلها إلى بلاتوه.

نعتقد بأن هذا هو الدرس الذي على المسرح الناطق بالعربية استيعابه اليوم.. بلا أدنى شك.

الفصل التاسع

ما بعد المسرح.. ما بعد التشكيل

تمارس فنون الأداء اليوم تدميراً استراتيجياً على ذاتها بشكل لا رجعة فيه. فالدعامة الكبرى للمسرح ألا وهي الصراع الدرامي، قد تحللت كنتيجة حتمية للانهيارات المتتالية في الثوابت الاستراتيجية (انهيار الواقع/ تحلل مبدأ الصراع/ نهاية التصادم/ توقف الأحداث/ موت السرد الكبير..)، مما لم يعد يسمح بإنتاج خطاب درامي مستند إلى وهم الإيمان بوجود دراما. فكرة التجريب المسرحي التي هيمنت طيلة النصف الثاني من القرن المنصرم – نفسها كالماركسية – ، لم تكن سوى محاولة يائسة وحيلة لا جدوى منها، لإعادة إنتاج موسعة للدراما/ الواقع، وتأبيدها داخل بنيات وشبكات معرفية وجمالية ووجودية مغايرة تماماً لعصر ما بعد الواقع. لم تعد الفرجة الراهنة أو ما بعد المسرح مشدودة إلى الصلابة الأبدية للواقع، بقدر ما صارت ضحية لكل أنواع الزيف (النسخ الشبيهة) Simulacre والتصنع (محاكاة رقمية شبيهة بالأصل لغرض الخداع) Simulation، فتخلصت بذلك من إسار الهويات النهائية والأصول الخالدة.

لقد انهارت كل الثوابت التي أطرتها فكرة الواقع Le réel لصالح

مبدأ الافتراض Le virtuel، حيث التقاطع العنيف بين العالم والفراغ. بهذا، دخلت فنون الأداء اليوم تواطؤاً مكشوفاً مع الخواء: فالزيف يسبق الحقيقة، كما الخريطة تسبق الطريق. استراتيجية السلطة هي أن تزرع الواقع، أما ما بعد المسرح فهو الرد على ذلك بالتوهيم والتمويه والتوالد الذاتي، وزرع واقع افتراضي للواقع، عبر قنوات التفاعلية Interaction، التي تذيب المسافات بين الواقع وضعفه، بين الذات والموضوع[10].

إن التجهيزات البصرية التي تقتحم وتستوطن فضاءات المسارح العالمية اليوم، مثل: (مهرجانات الفرينج Fringe، الما بعد – أمريكي Trans – Amériques، مهرجان طوكيو، خريف باريس، خريف مدريد، الخشبة المعاصرة، مهرجان زيوريخ، إلخ...) كلها تشترك في إذابة المسافات بين أشكال الفن المعاصر: [البرفورمانس Performance، فن فيديو vidéo – L'art، التجهيز Installation، فن الأرض Land – Art، فن الحياة Bio – Art، فن النت Net – Art].. بما يفضي إلى خلط جذري أصبح معه العرض الحي فناً ملتبساً وقائماً على الهجنة، بفعل تقويض الحدود بين مختلف هذه الأشكال الجذرية؛ كما صار بفعل الهجوم الطاغي لوسائل الميديا، ينزع عن الواقع طابعه الحدثي، ليحوله إلى حدث افتراضي. وخلافاً للمسرح التقليدي التناظري، الذي يحتم وجود متفرج يعاين من الخارج – حتى مع المسرح البريختي/ الملحمي –، فإن فنون الأداء الجديدة تجرنا إلى الانغماس العميق والسري داخلها. وهذا ما يسميه ماكلوهان Macluhan بـ: التفاعل الملموس لوسائل الاتصال. لقد وصل الحد

ببعض العروض المعاصرة إلى تعميق عملية التفاعل هاته، بحيث سمحت للجمهور بالانغماس في المادة السائلة للصورة، وتعديلها من الداخل أثناء العرض. إن علاقة المتلقي بالأداء الراهن هي علاقة تداخل جذري، كما في عرض (سماوات) Ciels، للكندي ذي الأصول اللبنانية: وجدي معوذ Wajdi Mouawad/ إنتاج سنة 2009م، والذي أدخل الجمهور في قلب التجهيز البصري.

بذلك، يتعمد ما بعد المسرح سحق الذات داخل فضاء لامادي – افتراضي، مما يبشر بأفول قضايا الهوية/ الغيرية.. بأفول عصر المحاكاة، حيث وبالمقابل، يغدو الأداء الجديد اليوم بمثابة استراتيجية لتوليد نماذج بلا أصل. لقد صار ما بعد المسرح يسبق الواقع ويتخطاه: إنه تمظهر آخر من تمظهرات ما بعد الفن، كامتداد رمزي لواقع منحل.

‫– كيف يتمظهر الفضاء الافتراضي في المسرح اليوم؟..‬

إنه يعاني من الأنيميا، مثل نقص بيئي وحرمان وجهل، ما دام تدميراً للذات كإحساس جمالي. لم يعد من مهام المبدعين والمخرجين الكشف عن قواعد أو قوانين جديدة في التمثيل، أو أن يعاودوا دراسة سلوكيات البشر. أتصور بأن بيتر بروك Peter Brook كان محقاً، حين خلص إلى أن كل شيء في تقنيات الأداء قد توصل إليه أربعة رواد: (ستانيسلافسكي – أرطو – بريخت وكروتوفسكي) مع اختلاف الأهداف، وأنه ليس علينا سوى أن نجمع المعطيات، ونعيد تركيبها من جديد، لنتحصل في كل مرة عبراً ثقافية جديدة؛ كما لم يعد

فن العرض يعتمد سينوغرافاً دارساً لأصول تنظيم فضاء العرض، بالتوسل بالستائر والكتل المادية، وربما حتى إسقاط ضوئي لبعض الصور أو الأفلام؛ هذا أيضاً أضحى من الماضي، وإنما ينبغي اختبار قدرة الفضاء على التهام كل الأشكال البصرية واختبارها وتجريبها لأجل حياكة القصيدة الشعرية المعاصرة.

توخيت وأنا بصدد تكوين مختبر بيكيت لفنون الأداء المعاصرة بالمعهد الوطني للفنون الجميلة بتطوان سنة 2006م، (احتفاء بمرور مائة عام على ميلاد صمويل بيكيت)، شق خط هروب من المسرح نحو فنون أخرى، درءاً بمستقبل فن الأداء العربي من الخطر الداهم الذي فرضته عليه سياسات المسارح الوطنية المتقادمة، والتي جعلت منه فناً محنطاً لا يساير العصر؛ مثلما عرضته للقطيعة مع العالم المتغير/ الرقمي. فلكي تغير فنون الأداء العالم، بمعنى أن تنير وتسمو بالروح، لا بد لها هي نفسها من أن تتغير، ولا بد لها من شكل جديد؛ وهو ما لن يتحقق من دون توسيع مفهوم المسرح في حد ذاته ليشمل فنوناً أخرى طارئة.. على فناني الأداء في العالم العربي أن يقبلوا بأن العالم من حولهم قد مسّه تحول جذري، ومن ثم، فإن أداءهم لا يمكن أن يظل على ما كان عليه في السابق.

هذا كان منطلقي لمحق لفظة «مسرح» من التسمية التي اخترتها لهذا المختبر، وهذا له دلالاتـه... ننفتح ولا زلنا – بحكم تكويني كموسيقي وتشكيلي قبل ولوجي عوالم الفنون الأدائية والبصرية – على التنوع والهجنة وخلق اللغات، دون أن أكترث كثيراً لوجود تراث معين. هذا بالضبط ما كان يشكل وعينا عندما أقبلنا على إطلاق

مشروع (عدوى بيكيت)، حيث أنتجنا أول أعمال هذا المختبر: (كرسي هزاز) سنة 2007م بمناسبة مئوية صمويل بكيت، ثم في السنة التي تلتها، أنتجنا أداء فنياً ثانياً بعنوان: (جزء خارج 1).

في أداء (كرسي هزاز)[11]، يدور الحدث – إن كان هناك أصلاً من حدث – حول عجوز مكفنة في سواد، وهي تمارس لعبة التأرجح على كرسي هزاز، وتصغي إلى صدى صوتها المسجل بشتى اللغات، يقص أسلوب حياة مبحوث عنها بلا جدوى. قص دائري لا يفضي إلا إلى تكرار ذاته ضمن دائرة لا تنتهي، دون أن تمكن المتلقي من القبض على أي معانٍ. كل خيوط الحكي تتشابك هكذا في دائرة مغلقة، داخل الحجرة المظلمة السوداء، لترخي العتمة فيها بستائر، وتلتهم في النهاية كل شيء. كيف نظمنا هذا الفضاء؟

قمنا بوضع المؤدية داخل تجهيز بصري، يعتمد شاشة بيضاء، تعكس ثلاث دوائر من الصور: دائرة الوسط التي تتموقع فيها المؤدية الفعلية، وهي تتأرجح على الكرسي الهزاز، ودائرتان في أعلى طرفي الشاشة، تعكسان صورة مكبرة للمؤدية الملتقطة عبر كاميرا فيديو. غير أنه كان هنالك فارق بثوان في تزامن وقوع الحدث بين المشاهد الثلاثة، حيث تبدأ الحركة الفعلية مع المؤدية في دائرة الوسط (الواقع)، يعقبها بثوان نفس الحدث مكرر عبر الفيديو في دائرة اليمين، وبعده بثوان أخرى في شاشة اليسار (الافتراض). نفس الحدث يتكرر أمام المشاهد ثلاث مرات: بشكل واقعي حي في البداية، ثم مسجلاً فيما بعد في المرتين الثانية والثالثة. (انظر الصورتين 26 و27).

والسؤال، لماذا؟.. لقد أردنا أن يتزامن الشيء مع نماذج محاكاته، مما ينتهي بالواقع إلى أن يتوارى ويختفي، بفعل انهيار الحدود الفاصلة بين ما هو واقعي (حضور المؤدية في الوسط) وما هو افتراضي (صورها المتحركة على الجانبين). إعادة الإنتاج هنا مبنية على النسخة الشبيهة Simulacre؛ ذلك أن المحاكاة تبدو في الفيديو استباقاً أو تناظراً يلازم التكوين (تكوين الواقعي). المحاكاة هنا ليست أصلاً بديلاً، بل على العكس من ذلك، ما دامت العلامات الحقيقية قد صارت كامنة في قلب هذه المحاكاة. إنها تتيح مجازاً واقعياً يتجاوز مركزية الانعزال السابق للأصل. صور المؤدية المسجلة عبر الفيديو تتحول بذلك إلى مركز العمل، في حين توارى جسدها الفعلي إلى الهامش. الصور هنا آلية عمل حقيقية/ سردية/ كاللاوعي في حركية الإبداع/ انقلاب للحدود. إن الزيف أو النسخ الشبيهة Simulacre في أداء بيكيت Beckett لا يقوم على حيز جغرافي بعينه، بل هو توليد لنماذج جاهزة لا أصل لها (التصنع Simulation).

بهذا، تختفي جماليات الفروق بين الواقع وشبيهه (المفترض)/ الأصل والصورة/ الحقيقي والمصطنع. لسنا هنا بصدد جسد بيكيتي تحاصره الإعاقة فحسب، كما هو حال أعماله الكلاسيكية، بقدر ما نصير بإزاء جسد يتلاشى ويضمحل. لم يكن المطلوب من المؤدية سوى التأرجح على الكرسي الهزاز والإنصات، تماماً كالإنسان المكبل أمام قدره الحتمي: الموت. هذا الصرير الناتج عن حركة الاهتزاز هو في حد ذاته الصورة السمعية للتشكيل العام للأداء؛ بحيث إن المجهود الحقيقي في الأداء كان يتم تحت الأدمة، وتحت الجلد. ولقد تمكنت

الفنانة زهراء التي أدت هذا الدور، من أسر جمهورها بمصر كما بالمغرب ثم بإسبانيا وإيطاليا، كما فقط بالأحاسيس المرسومة على محياها، التي تقوم في كل مرة بمسحها وتشكيل أخرى، والكاميرا الحية كانت تتكفل بمهمة الوسيط؛ عبر استغلال اللقطات المكبرة. بذلك لم يعد الوجه هنا شحنة ولا صورة لشيء ما، أو تعبيراً عن هوية ما، بقدر ما صار فقاعات تتشكل ثم تتلاشى دون أن تخلف أثراً نستدل به على أصل ما. الموت هو جوهر الحياة، ومن يحب الحياة، عليه أن يقبل بالموت. (انظر الصورة 28).

في أدائنا الثاني (جزء خارج 1)[12]، الذي قمت بتأليف شذراته، كان غرضنا بالدرجة الأولى الاحتفاء بميلاد الفنان المؤدي L'artiste performeur وإعلان موت الممثل L'acteur، حيث أفول الجسد وانمحاؤه يصير بديلاً عن مركزية انتصاب المثل؛ وهذا مهم لتقويض الفهم البائد في تنظيم الفضاء السينوغرافي الذي يجعل من الممثل هو المركز، وكل ما هو مرئي في خدمته وبروزته. ليست هناك حكاية أو شخصيات بالمطلق، كما لا وجود لأي مكان أيضاً. أما الزمن، فغير محدد بالمرة. هناك فقط شاشة افتراضية ينتصب في طرفها شبح جسد مكفن في عباءة سوداء، وقد صممناها عن قصد لتكون نسخة من صورة معتقل سجن أبو غريب الشهير، التي انتشرت عبر كل وسائل الإعلام العالمية، وصارت أيقونة. لا يتعلق الأمر هنا بموقف من طرف دون آخر، بل بإدانة لكل تاريخ البشر.

يتناثر في أرجاء هذه الشاشة سائل أسود لزج، ينتهي إلى ابتلاع كل شيء بما في ذلك بقايا هذا الجسد، الذي يكتسي جلد إنسان.. وقد

يكون ذكريات أشباح لا تزال تحوم بيننا. وفي النهاية، لا ندري إن كان المؤدي الماثل أمامنا متلحفاً في إهابه معصوم العينين، كائناً واقعياً أم افتراضياً داخل الشاشة. إنه واقف هناك معصوب العينين، منصتاً إلى وحي صوته العميق:

«صوت المؤدي:

كل الكلمات والألوان والأشياء والصور بداخلي..

ولا أعلم ماذا تمثل في حقيقة..

أخشى التفكير الذي اخترعه ولم يكن يوماً كذلك..

وما أكتشفه، أنني في يوم مماتي

سأرى بطريقة أخرى في اللحظة التي سيسقط فيها..

جسدي.. سأصطنع الحديد لأغرسه في لحمي..

سأكسر عنقي وأشق بالفأس جمجمتي..

سأصطنع العقل الإلكتروني لأغذيه بمعلومات ضدي

أنا الجرح والسكين، العنق والمشنقة

الرأس والمقصلة

قبضتي، موجهة ضدي..».

لقد ظل جسد المؤدي – الذي تعمدت أن أكونه – في هذا الأداء

متوارياً وشاحباً، فاسحاً المجال للغة التشكيل والصباغة والفيديو والكوميكس لتتحدث بدلاً عنه؛ وهذا التواري هو الذي جعل منه جزءاً ثورياً من الحقيقة. لم أكن أريد هنا أن أركز على التشخيص التقليدي، على العكس، كنت أسعى لمحق دوره المركزي المعتاد في صناعة العرض الحي وتشكيل الخشبات. كان بإمكان أي كان أن يقف بدلاً مني، ويحسن أداء ما أديته إيمائياً. لقد سعينا إلى جعل جسد المؤدي دارة كهربائية تضيء ولا تمثل. بترنا كل وظائف الأعضاء المتعارف عليها ومحقناها.. وأدنا كل إيماءة يمكن للجسد أن يقوم بها، وتركناه جثة هامدة شاهدة على موت الإنسان فينا. وقد استعضنا عن كل ذلك بالتشكيل والكرافيزم وفن الفيديو والتجهيز L’installation وتقنيات سينما التحريك L’animation، كأدوات بصرية فعالة. بذلك، فرضنا على الجمهور أن يتحلى بعين رقمية تلتقط الإشارات، دون أن تهتم بإنشاء معنى منسجم، لأنه لم يعد ثمة جدوى من الفهم. وكلما قل إدراكنا نما إحساسنا.

من خلال هذا الأداء، تمكنا من تفعيل وبلوغ حالة من الواقعية المفرطة Hyper – reality كمفهوم يتعلق بالطريقة التي يتفاعل بها الوعي مع الواقع. خصوصاً في تلك اللحظات التي يفقد فيها هذا الوعي التمييز ما بين الواقع والافتراض، فينزلق إلى عالم الواقع المفرط، الذي يتصف بتحسن الواقع فيه، إلى درجة يصبح فيها هذا الافتراض أكثر وقعاً من الواقع في حد ذاته. (انظر الصورتين 29 و30)

هوامش الباب الثالث:

1 – انظـر: إلـزا غـودار: أنا أوسـيلفي أنا موجـود – تحولات الأنـا في العصر الافتراضـي، ترجمـة: سـعيد بنكراد، المركـز الثقافي للكتاب، الـدار البيضاء – بيروت 2019م، ص 63.

2 – نفسه، ص 64.

3 – نفسه، ص 64.

4 – تنطبـق هـذه الملاحظة في ثقافتنا العربية المعاصـرة على العروض الأدائية المثيـرة للجدل، التي يقدمهـا الفنان اللبناني ربيع مروة، والتـي لا تعدو أن تكون محاضـرات أدائيـة يلقيها على الجمهـور، وهو على مكتب، وبجواره حاسـوب، وخلفه شاشـة أو أكثر يعرض عليها صوراً توضيحية للمحاضرة. من أهم أعماله في هذا الصدد: (ثورة مبكسلة) 2013م؛ و(رمال في العيون) 2019م، وهي أعمال قدمت بأهم مسارح العالم.

5 – تتضمن هذه الحواضر اليوم بنيات فنية غير مسبوقة عربياً، على سبيل المثال لا الحصـر: الغرفـة الماطرة بالشـارقة، ومركز الفنون الأدائيـة بدبي وأبوظبي، ومتحف اللوفر أبوظبي، ومتحف غوغنهايم، وغيرها.

6 – ولد ميشيل لوميوه بالولايات المتحدة في 1959م، وهو فنان متعدد التخصصات: مخرج ومصور وفنان فيديو، حيث شـكل رفقة رفيـق عمره، فيكتور بيلون بكندا سنة 1958م، ثنائياً مثيراً للجدل عرف في المسرح العالمي المعاصر بثنائي لوميوه – بيلون المتخصص في تقديم استعراضات بصرية ضخمة بتقنية رباعية الأبعاد. أخرجـا معـاً العديد من النصوص لشكسبير، أو من الأسـاطير اليونانية وقدماها برؤية جد مبهرة.

7 – جـان بودريـار: المصطنع والاصطناع، ترجمـة: جوزيف عبد الله، المنظمة العربية للترجمة، بيروت، 2008م، ص 178.

9 – في سنة 1969م، وفي عز الحرب في فيتنام، اعتصم جون لينون ويوكو بشكل فني في غرفة نوم في أمستردام أولاً؛ ثم بفندق فيرمون – الملكة إليزابيث بمونتريال، حيث كانا يجلسان أمام الحاضرين الذين كان مسموحاً لهم بالدخول على الغرفة بحرية، وهما ينشدان قصائد حول السلام. لم يتمكن الزوجان من تنفيذ البرفورمانس في نيويورك، لأن جون لينون كان ممنوعاً من دخول الولايات المتحدة بسبب قضية تتعلق بتعاطيه للقنب الهندي.

10 – للتوسع في ذلك يمكن الرجوع إلى الكتاب القيم: جان بودريار (الفكر الجذري: أو أطروحة موت الواقع)، ترجمة: منير الحجوجي وهشام قصوار، دار توبقال للنشر، الدار البيضاء 2006م.

11 – إنتاج مختبر بيكيت لفنون الأداء المعاصرة، بدعم من صندوق الأمير كلاوس، العرض الافتتاحي: 02 – 03 سبتمبر 2007م بمسرح الطليعة بالقاهرة. نص: صمويل بيكيت، ترجمة: يوسف الريحاني وفاطمة الزهراء الصغير، رؤية وتصوير وإدارة فنية: يوسف الريحاني، أداء: فاطمة الزهراء الصغير، تجهيز وسونتاج: أمين الكطيبي، معالجة الفيديو: عزيز حراقي. الفوتوغرافيا: دفيد راموس.

12 – إبداع لمختبر بيكيت لفنون العرض المعاصرة، وإنتاج: يوسف الريحاني، العرض الافتتاحي: 08 أكتوبر 2008م بدار الثقافة بتطوان. نص وأداء ورؤية فنية: يوسف الريحاني، تجهيز ومونتاج: أمين الكطيبي، تقنيات تفاعلية: سعيد عفيفي، التحريك: إسماعيل أولحاج علا، معالجة الفيديو: عزيز حراقي، الفوتوغرافيا: دفيد راموس وزفيزدلينا ستويانوفا، ترجمة وإدارة الإنتاج: فاطمة الزهراء الصغير.

خاتمة

هل من محصلة؟.. ربما، ولكن حول الجوهر لا حول ما هو عارض، والجوهر هنا هو مفهوم التمثيل نفسه؛ وليس التمثيل سوى خريطة، أو تصميم لإظهار الواقع، بغية تحديد طريقة عمل الحدث (المعنى). التمثيل مثلما يتحقق في الفن فهو متحقق أيضاً في كل مجالات الحياة الأخرى من سياسة واجتماع واقتصاد. لقد ظل التمثيل في التشكيل الذي عساده اللون وسنده السطح يتحقق ولفترة طويلة ضمن تسطيح من خطين: طول وعرض مع خلق إيهام بالعمق؛ غير أن تطور الخشبات هو ما سيتيح للفنان استغلال الأبعاد الثلاثة للمساحة، ومن ثم، الانعتاق بالفن من حدود السند التقليدي الذي طالما افتقد عنصر التزمين. فراغ العرض إذن هو ملتقى التمثيل الفني بامتياز.. وخير تجسيد لانحلال السطح (اللوحة) ضمن المساحة (الخشبة).

من هذا المنطلق كان طبيعياً أن توجد العلاقة بين الفنان التشكيلي ومصمم المناظر المسرحية ضمن مجال تقاطع حقول عديدة؛ القاسم المشترك بينها هو التمثيل، أي: كيفية صناعة الصور: معمار – هندسة – تخطيط – تأثيث داخلي Décoration..؛ بحيث لم تولد

مهنة تصميم المناظر إلا من رحم هذا التزاوج بين صورية المعمار وإشارية التشكيل.

لكن نشوء المجتمعات الصناعية في القرن التاسع عشر سيسهم في وقوع التمثيل الفني تحت إغواء فتنة التطابق مع الواقع الجديد، ما سيحكم على الصورة الذهنية بالتواري نهائياً لصالح ما هو مرئي بالأساس، ومن ثم، فالعلم ومنجزاته هو من سيضفي على العلاقة بين التشكيل وتصميم المناظر طابع الواقعية، الوظيفية والمنفعة؛ حتى قبل ظهور السينوغرافيا. ففي نفس اللحظة التي بدأ فيها المنظر الطبيعي Le payasage في الرسم الزيتي يتهاوى أمام ضربات المدرسة الانطباعية الجديدة التي نجحت في فك انغلاق البصري بعد اختراع الفوتوغرافيا؛ فإن الخشبات بدورها كانت في طريقها لدحض النزعة الطبيعية التي ازدهرت مع المسرح الحر، وما عرف وقتها بمسرح الصالون.

جاء القرن العشرون إذن، ليعلن عن العصر الذهبي للفنان الطليعي الذي وسع من مفهوم الفراغ عبر تكسير الحدود بين الأشكال؛ وهذا ما جعل من الطليعة الأوروبية ملتقى لكل الأشكال والممارسات؛ وكان أيضاً السبب الأساس في ظهور السينوغرافيا باعتبارها التنظيم السمعي – البصري للعرض الحي. لقد عرفت السينوغرافيا مع روبرت ويلسون ومجايليه توسيعاً هائلاً في المفهوم والممارسة، اللذين كانا محصورين في مجرد تنظيم فضاء العرض؛ لتصير هي التصميم السمعي – البصري للعرض ككل. لهذا تحول هذا الجيل المتأخر من الفنانين إلى المزاوجة بين السينوغرافيا والإخراج باعتبارهما وجهين لعملة واحدة؛ حيث رسموا بالجسد، وأيضاً بالضوء والموسيقى؛ بحيث

حولوا الخشبات الحية إلى سند فني Support له واقعه وأدواته الخاصة.

غير أن خضوع التعبيرات المعاصرة لمدار السومولاكر Simulacre الذي تحل فيه النظائر محل الأصل؛ في عصر يمقت الشيء في نسخته الوحيدة؛ انتهى بموت الفرجة، وكان ذلك يعني ببساطة أن الخشبات المعاصرة اكتسبت أبعاداً جديدة بفضل تقنية بلورة الصورة Cristalisation de l'image وذلك بعد اختراع وشيوع التلفزيون؛ وبذلك صارت الخشبات حقل ابتكار خالص للفنانين البصريين، وعرضة لهجوم آلات التصوير والإسقاط Projection؛ فكان ذلك بمثابة القوة الناسفة للدوجمات المشكلة للمسرح حتى عصره الحديث.

بالعودة إلى السياق العربي؛ فإننا نلمس خللاً في المفاهيم والتصورات بخصوص تمثل الفنان العربي المعاصر لصناعة الخشبات في زمن الرقمي؛ سواء من حيث الافتقار إلى الذكاء الرقمي، أو إلى القدرة على تجسير الهوة مع منجزات الفن المعاصر وأشكاله الجذرية؛ هذا بسبب التكوين التقليدي للممارسين؛ وأيضاً بسبب استمرار ثقافتنا في الخضوع لمعايير إنتاج الخطاب؛ لذلك غالباً ما يقدم المسرح العربي نفسه ضمن شروط إنتاج بائدة ومفتقرة إلى الإبداع؛ وفي استمرار مثل هذا الوضع، فإنه لا جدوى من أي سياسات وطنية للإنعاش، مثل: (الدعم المادي للفرق/ بناء القاعات والمسارح/ تأسيس الفرق/ تنظيم المهرجانات والمسابقات..)؛ هذا كله يفتقد دفق الحياة، فليس هناك من طريقة لممارسة الفن والابتكار فيه، وتقويمه، أكثر من الارتباط بروح العصر؛ وإلا انتهينا إلى الجفاف والإحباط؛ وهو العنوان العريض لواقع المسرح العربي اليوم.

149

ملحق الصور

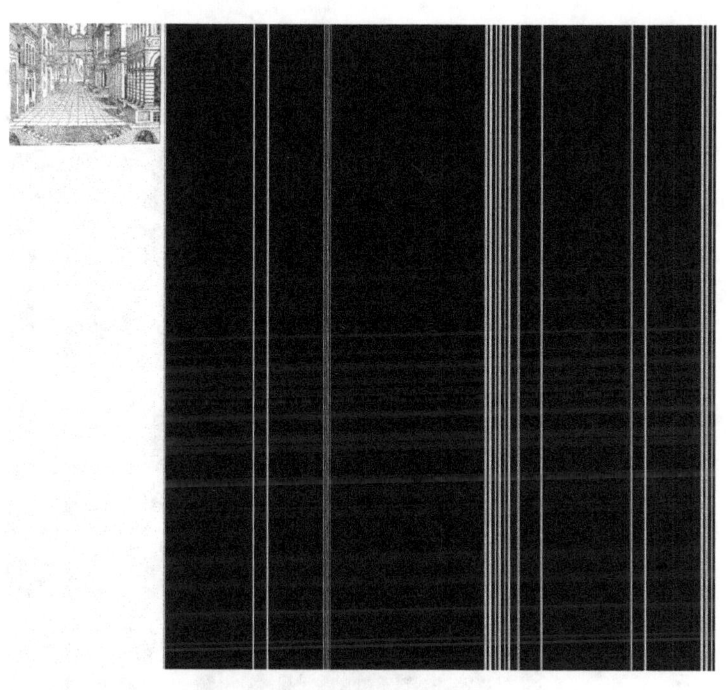

الصورة (1)

خشبة للعروض التراجيدية من تصميم سيباستيانو سيرليو / 1545م

الصورة (2)

خشبة للعروض الكوميدية من تصميم سيباستيانو سيرليو / 1545م

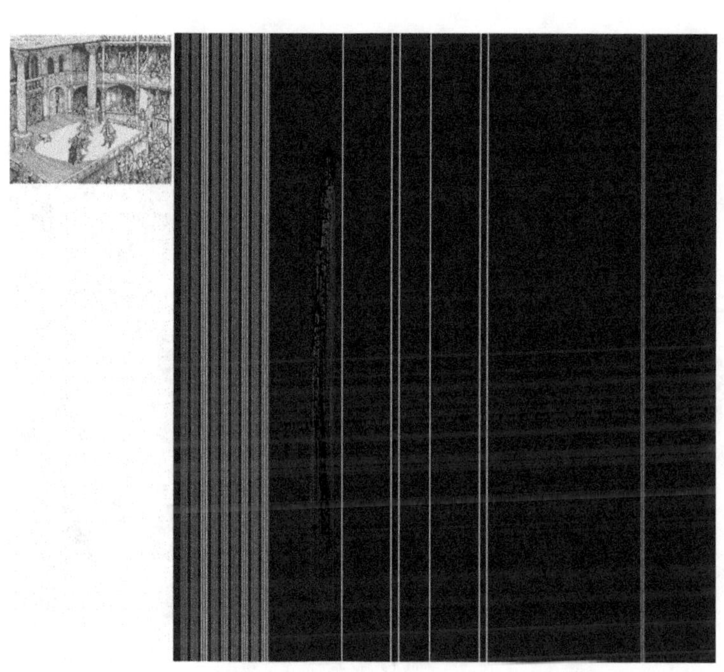

الصورة (3)

اسكتش لمسرح الغلوب الشكسبيري

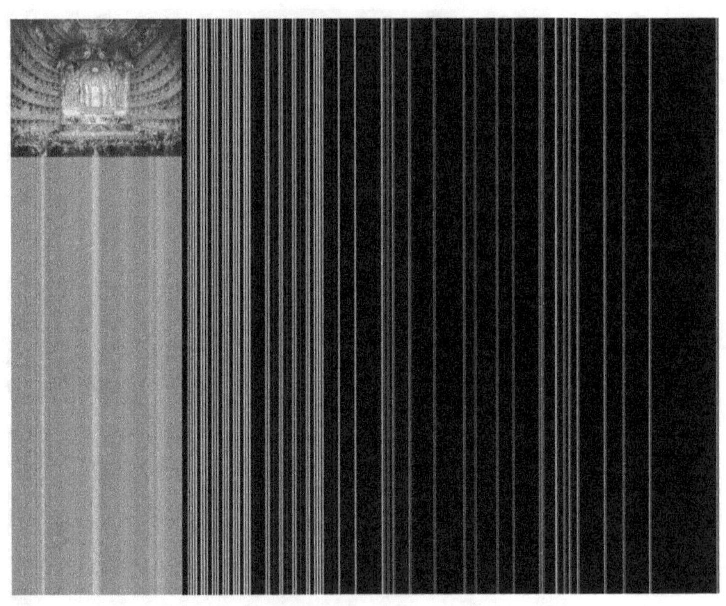

الصورة (4)

رسم لأوبرا من القرن التاسع عشر بأوروبا

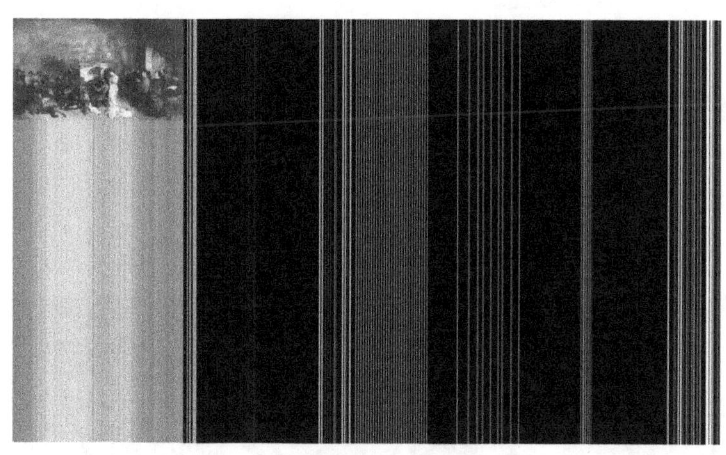

الصورة (5)

محترف الفنانين – غوستاف كوربي 1854م – 1855م

زيت على قماش، قياس 359 سم X 598 سم

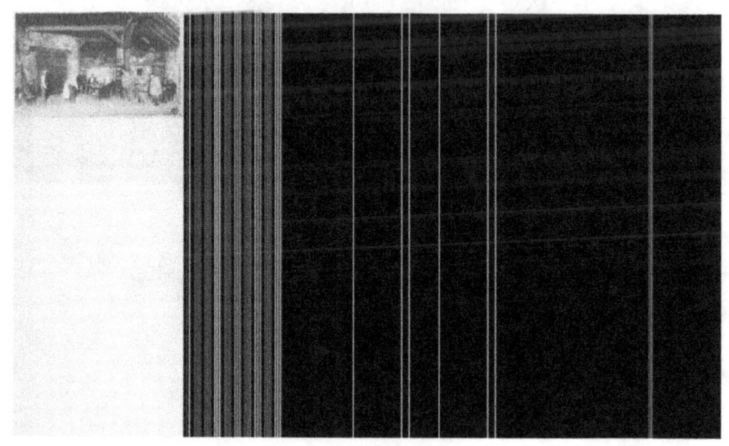

الصورة (6)

الأرض – تأليف إميل زولا وإخراج أندري أنطوان

إنتاج المسرح الحر – 1902م

الصورة (7)

بيكاسو رفقة مساعديه أثناء إنجاز خلفية باليه باراد

مونبارس Montparnasse 1917

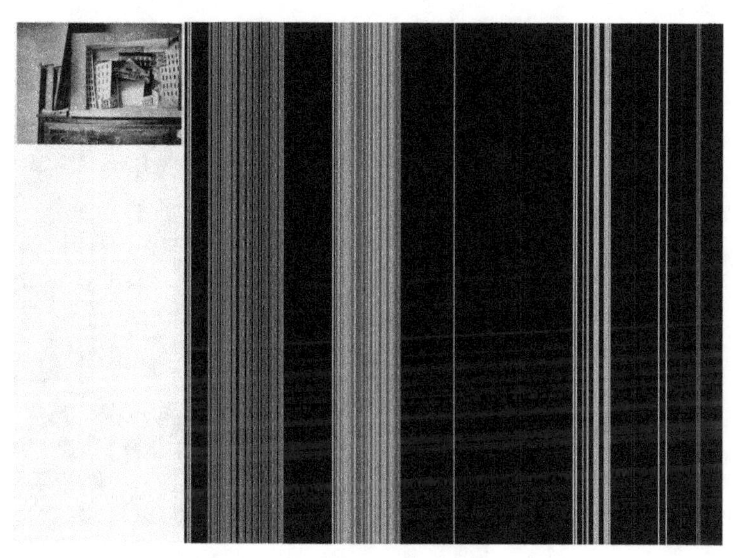

الصورة (8)

بيكاسو ـ مجسم ديكور باليه باراد 1917م

المتحف الوطني بيكاسو ـ باريس

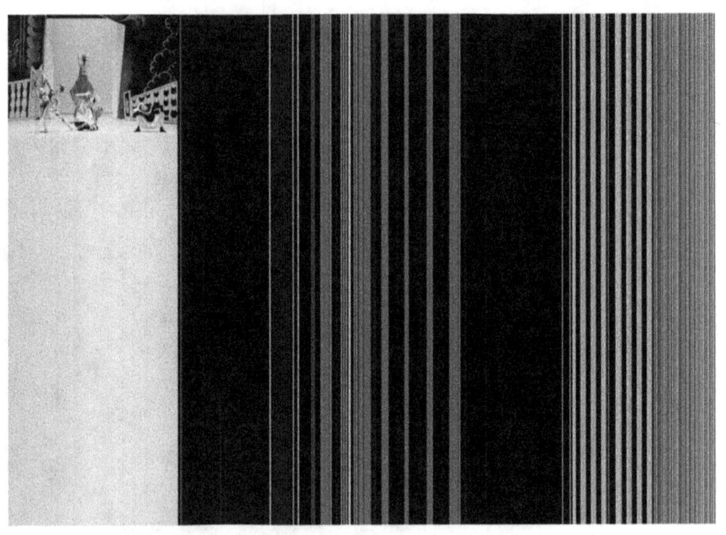

الصورة (9)

باليه باراد – مسرح الأوبرا – روما 2007م

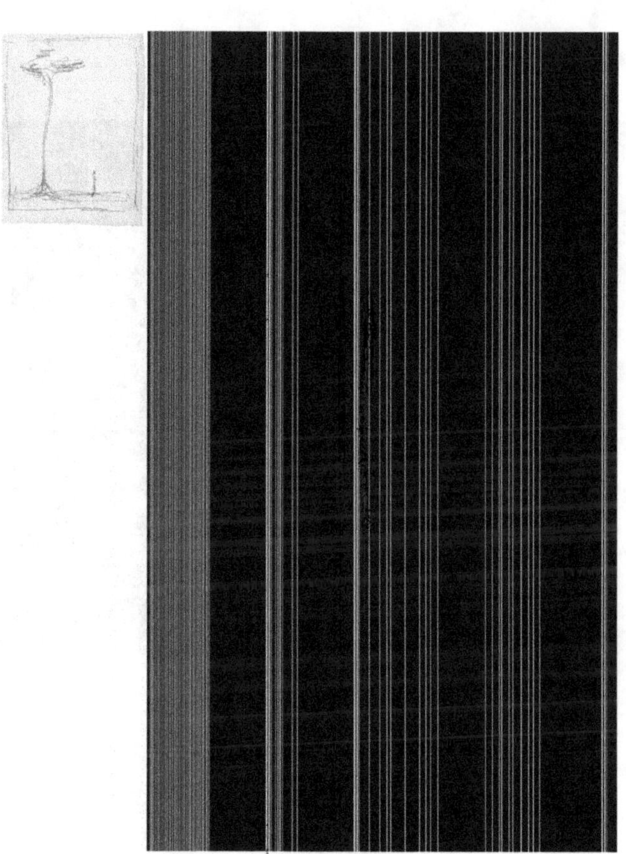

الصورة (10)

جياكوميتي – رجل وشجرة

فحم على ورق – 1952م

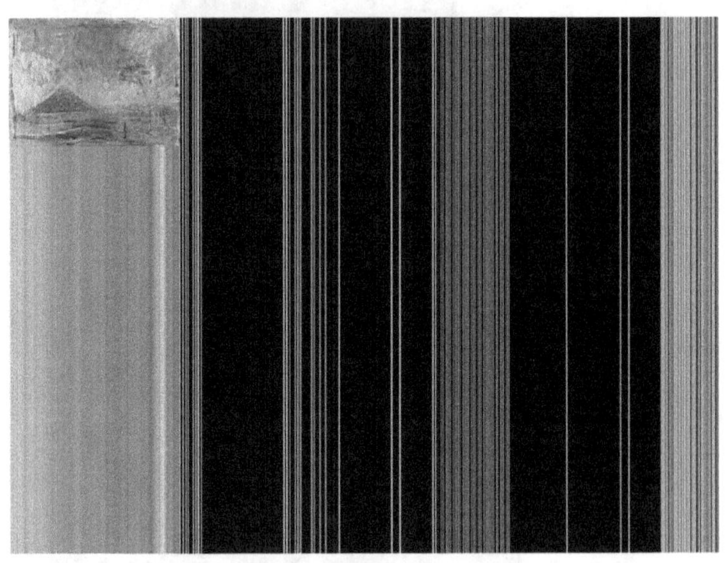

الصورة (11)

جياكوميتي – رجل وشجرة (تطوير العمل الفني إلى منظر مسرحي)

زيت على قماش، قياس 80 سم X 60 سم – 1958م

الصورة (12)

في اليسار: بيكيت وجياكوميتي أمام الشجرة

محترف الفنان – 1961م

في اليمين: مشهد من عرض (في انتظار غودو)

مسرح الأوديون – باريس 1961م

الصورة (13)

جوزيف بويز – قيوط

مائيات على ورق – 1974م

الصورة (14)

جوزيف بويز _ أحب أمريكا وأمريكا تحبني

أداء فني (رواق روني بلوك _ نيويورك) 1974م

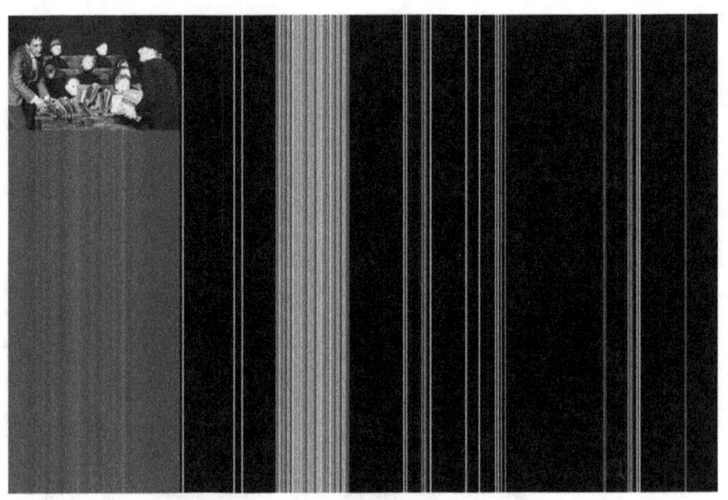

الصورة (15)

موت فصل دراسي – 1975

تادوز كانتور في اليسار وهو يوجه ممثليه أثناء العرض

الصورة (16)

موت فصل دراسي – تجهيز فني

فكرة العرض وقد حولها مصممها إلى عمل فني للعرض بالمتاحف

الصورة (17)

قالت ماري ما قالت Mary said what she said

الأداء كتشكيل ورسم في الفراغ

الصورة (18)

قالت ماري ما قالت Mary said what she said

تشكيل ضوئي للقطة قريبة Gros plan

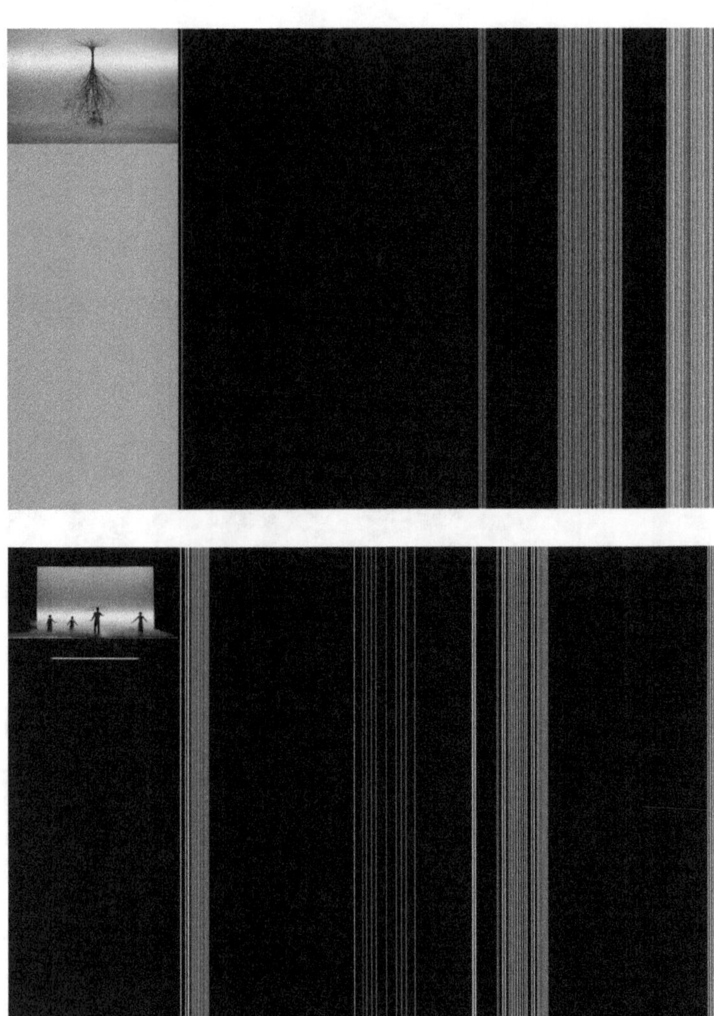

الصورتان (19) و(20)

شغف آدم Adam's passion

عمل فني مشترك بين آرفو بارت وروبرت ويلسون – 2015م

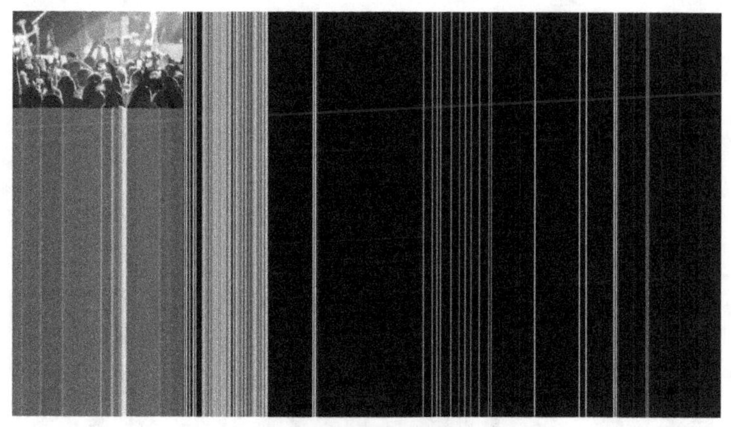

الصورة (21)

جانب من تقليد جديد طرأ على طبيعة استقبال الفرجات الحية

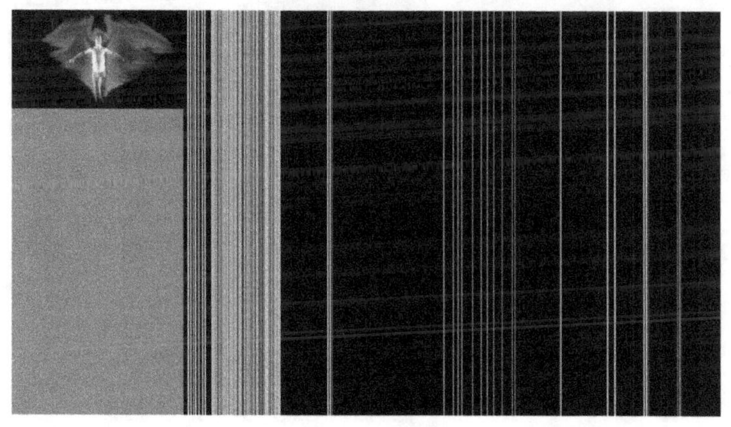

الصورة (22)

إيكاروس icarus

تصميم وإخراج: ثنائي لوميوه – بيلون – مونتريال 2015م

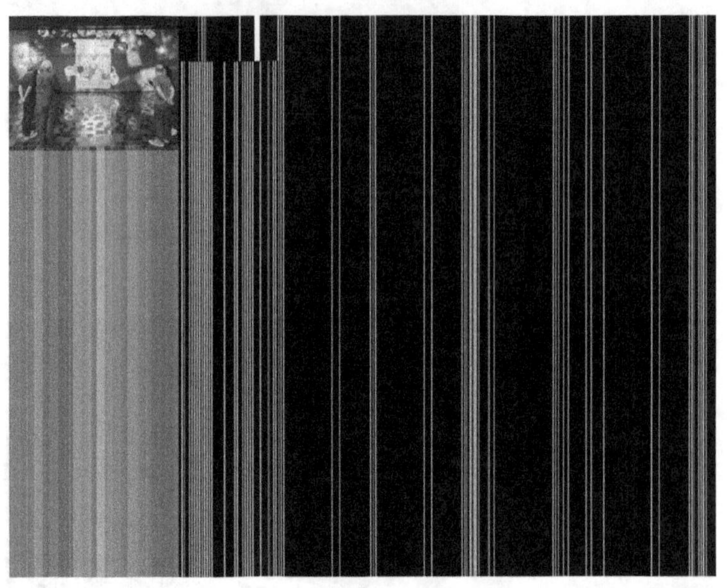

الصورة (23)

ذاكرة مدينة Cité mémoire

تصميم وإخراج: ثنائي لوميوه – بيلون – مونتريال 2017م – 2019م

الصورة (24)

ذاكرة مدينة Cité mémoire

تصميم وإخراج: ثنائي لوميوه – بيلون – مونتريال 2017م – 2019م

الصورة (25)

ذاكرة مدينة Cité mémoire

تصميم وإخراج: ثنائي لوميوه – بيلون – مونتريال 2017م – 2019م

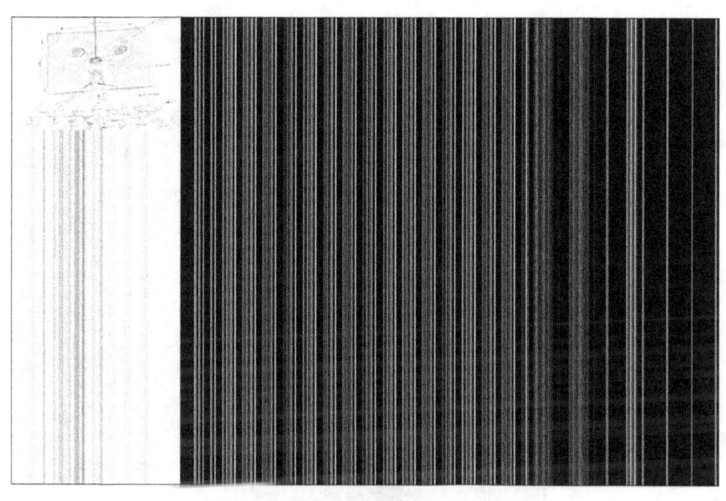

الصورة (26)

كرسي هزاز Berceuse

اسكتش للأداء الفني/ يوسف الريحاني – 2007م

الصورة (27)

كرسي هزاز Berceuse

ماكيت الإسقاط projection/ يوسف الريحاني – 2007م

الصورة (28)

كرسي هزاز Berceuse

أداء فني من تصميم وإخراج: يوسف الريحاني – 2007م

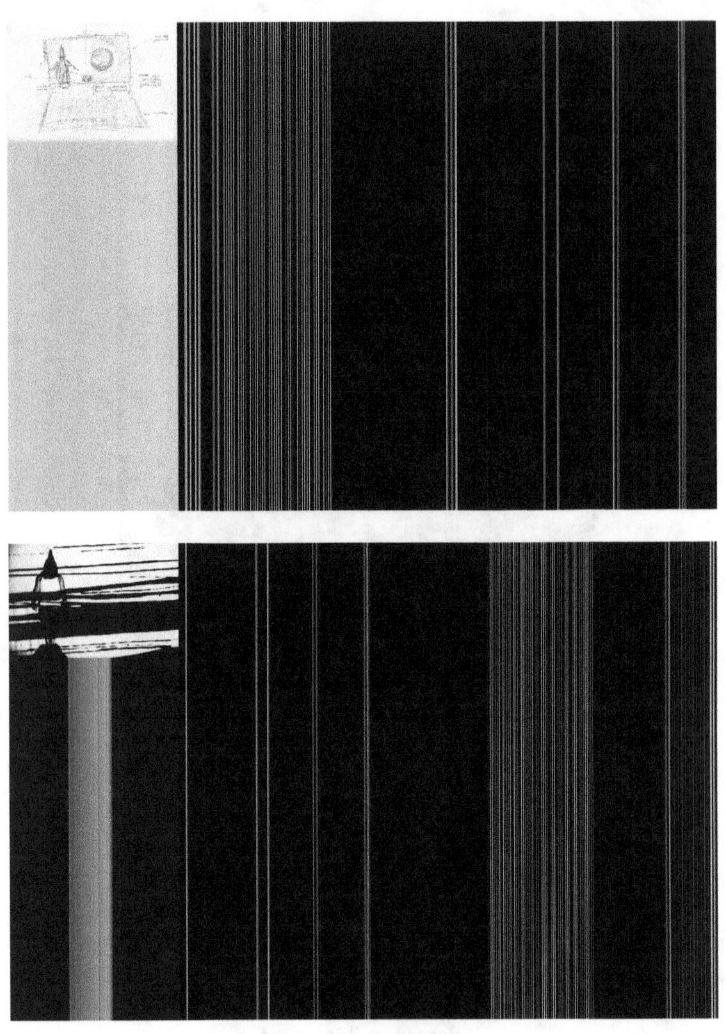

الصورتان (29) و(30)

جزء خارج 1

تصميم، أداء وإخراج: يوسف الريحاني – 2008م

<h1 style="text-align:center">المراجع</h1>

– كتب بالعربية:

– أرسـطو: فن الشعر، ترجمة: الدكتور إبراهيم حمادة، مكتبة الأنجلو المصرية، القاهرة، 1983م.

– بودريـار (جــان): الفكر الجـذري: أو أطروحة مـوت الواقـع، ترجمة: منير الحجوجي وهشام قصوار، دار توبقال للنشر، الدار البيضاء، 2006م.

– بودريـار (جان): المصطنع والاصطناع، ترجمـة: جوزيف عبد الله، المنظمة العربية للترجمة، بيروت، 2008م.

– حسن (إيهاب): نحو سفهوم لـ«ما بعد الحداثة»، ترجمة: صبحي حديدي، ضمن كتاب (ما بعد الحداثة II – فلسفتها) إعداد: محمد سبيلا وعبد السلام بنعبد العالي، دار توبقال للنشر، الدار البيضاء، 2007م.

– دوبري (ريجيس): حياة وموت الصورة، ترجمة: فريد الزاهي، أفريقيا الشرق، الدار البيضاء، 2002م.

– عيد (كمال): سـينوغرافيا المسرح عبر العصور، الدار الثقافية للنشر، القاهرة، 1997م.

– غودار (إلزا): أنا أوسـيلفي أنا موجود – تحولات الأنا في العصر الافتراضي، ترجمة: سعيد بنكراد، المركز الثقافي للكتاب، الدار البيضاء – بيروت، 2019م.

– كاسـون (مارفن): أماكن العرض المسـرحي – سيميوطيقا العمارة المسرحية، ترجمـة: إيمان حجازي، منشـورات وزارة الثقافة المصريـة، المهرجان الدولي للمسرح التجريبي، القاهرة، 2002م.

– كاي (نـك): مـا بعد الحداثيـة والفنون الأدائيـة، ترجمة: نهـاد صليحة، الهيئة المصرية العامة للكتاب، القاهرة، 1999م.

– كريــج (إدوارد جـردون): فـي الفن المسـرحي، ترجمة: دريني خشـبة، الدار المصرية اللبنانية، القاهرة، 1999م.

– نيتشــه (فريدريك): مولد التراجيديا، ترجمة: شـاهر حسـن عبيد، دار الحوار للنشر والتوزيع، سوريا، اللاذقية، 2008م.

– مجلات بالعربية:

– داخل (صارم): سـينوكرافيا الطقس المسـرحي في عروض المسـرح العراقي – ترنيمة الكرسـي الهزاز نموذجاً، مجلة كلية التربية الأساسية، العدد 64، بغداد، 2010م.

– مواقع إلكترونية بالعربية:

– يوسف الريحاني (يوسف): الفنون الإسلامية في متحف اللوفر.. ثورة الدين في خدمة الحياة، جريدة هسبريس الرقمية، على الرابط:

https://www.maghress.com/hespress/434615

– ضياء يوسف (ضياء): روبرت ويلسون والتطهير البصري والنفسي بالمسرح، مجلة كينونة – انظر الرابط:

https://www.kynunah.com/post/mas – 0012

– فؤاد (سمير): الضوء في الفن التشـكيلي، جريدة الشـروق المصرية، عدد 30 نوفمبر 2019م. راجع الموضوع على الرابط:

https://www.shorouknews.com/news/view.
aspx?cdate=30112019&id=4ad10cd1 – 30ba – 441a – 9183 –
57a0fa04cfe3

– محمــد (عبيـر): مـن الفنــان الذي اكتشـف فـن المنظــور – المرسـال، عدد 2019/4/16م: https://www.almrsal.com/post/815301

– ريجي (كلود): المسرح روح العالم، ترجمة: يوسف الريحاني، مجلة الكلمة، عدد مارس 2021م. انظر الرابط: http://www.alkalimah.net/Articles/Read/21809

– كتب بالفرنسية:

– Boucris (luc), L'espace en scène Librairie Théâtrale Paris 1993

– Pavis (Patrice), La mise en scène contemporaine Origines, tendances, perspectives Armand colin Paris 2010

– Picasso (Pablo) Le désir attrapé par la queue. Gallimard paris 1948

– Pradier (Jean – Marie), La scène et la fabrique des corps. Bordeaux, Presses universitaires de bordeaux, 1997

– Nietzsche (Friedrich) Seconde Considération Inactuelle De l'utilité et des inconvénients de l'histoire pour la vie, Traduction de Henri Albert. Édition électronique (ePub, PDF) v : 1,0 : Les Échos du Maquis, 2011

– مقالات بالفرنسية:

– Freydefont (Marcel), L'art de la scénographie. In La scénographie en France, AFAA, paris, n° : 62, 15 fevrier 1993

– مراجع رقمية بالفرنسية:

– Fosse (Jon) De la solitude au partage – Propos recueillis par Colette Godard

https://www.theatre-contemporain.net/spectacles/Et-la-nuit-chante-4948/ensavoirplus

– Odoss (Valérie) En attendant l'expo : Beckett et Giacometti France info culture :

https://www.francetvinfo.fr/culture/arts-expos/en-attendant-l-expo-beckett-et-giacometti-une-longue-amitie-a-la-fondation-giacometti_4266531.html

الفهرس